Jerry Braza

Achtsamkeit
Leben im Augenblick

Mit einem Vorwort
von Thich Nhat Hanh

Aus dem Amerikanischen
von Heike Münnich

*Fischer
Taschenbuch
Verlag*

Spirit
Herausgegeben von
Stephan Schuhmacher

Deutsche Erstausgabe
Veröffentlicht im Fischer Taschenbuch Verlag GmbH,
Frankfurt am Main, Januar 1999

Die amerikanische Originalausgabe erschien 1997
unter dem Titel ›Moment by Moment‹
im Verlag Tuttle Publishing, Boston/Mass.
© Jerry Braza 1997
Für die deutsche Ausgabe:
© Fischer Taschenbuch Verlag GmbH, Frankfurt am Main 1999
Satz: Fotosatz Otto Gutfreund GmbH, Darmstadt
Druck und Bindung: Clausen & Bosse, Leck
Printed in Germany
ISBN 3-596-14253-9

Inhalt

TEIL VIER
EINEN ACHTSAMEN LEBENSSTIL AUFRECHTERHALTEN

Vorwort

Achtsamkeit ist die Grundlage für unsere Transformation, für die Erschaffung einer harmonischeren Familie und Gesellschaft. Sie ist das Wunder, durch das wir in jedem Augenblick vollkommen lebendig sein können. Der größte Gewinn, den wir aus der Praxis der Achtsamkeit ziehen, ist die Erkenntnis, daß uns Frieden und Freude zugänglich sind, in uns und in unserer Umgebung, genau hier und jetzt. Wir können dies erfahren, und wir können es jedem schenken, dem wir begegnen, und jedem, den wir lieben.

Dr. Jerry Braza schlägt in *Achtsamkeit – Leben im Augenblick* viele einfache Übungen vor, durch die wir Achtsamkeit in unserem täglichen Leben anwenden können. Ich gratuliere ihm zu seinen so durchdachten, kreativen und verständlichen Erklärungen zum praktischen Nutzen, den die Praxis der Achtsamkeit für uns besitzt. Dies ist ein sehr nützlicher Leitfaden für ein achtsames Leben. Ich hoffe, Sie werden immer wieder auf ihn zurückgreifen und Dr. Brazas Übungen mit ganzem Herzen durchführen.

THICH NHAT HANH
PLUM VILLAGE, FRANKREICH

Danksagungen

Dieses Buch ist Ausdruck der täglichen wechselseitigen Beziehungen zu meiner Familie, meinen Freunden und insbesondere meiner Frau Kathleen. Mit ihrer Hilfe ist es mir möglich, in jedem Augenblick Achtsamkeit zu üben. Ihre Liebe, Unterstützung und Ermutigung geben mir Halt in meinem eigenen Ringen um ein achtsames Leben. Darüber hinaus verdanke ich ihrer redaktionellen Kritik ein konzentriertes Arbeiten.

Ich danke meiner Tochter Andrea und meinem Sohn Mark, die mich liebten, obwohl ich früher »unachtsam« und immer in Eile gelebt habe. Jetzt, da sie erwachsen sind, sehe ich meinen achtsameren Lebensstil bestätigt. Ich danke meinen Freunden, die dieses Projekt kritisch begleiteten, und dem Salt Lake City Sangha für seine Unterstützung und Freundschaft. Ich bin Becky Jones und Toni Mertin dankbar für ihre Hilfe bei der Gestaltung und Herausgabe der ersten Auflage dieses Buches. Ein besonderer Dank geht an meine Lektorin Isabelle Bleecker, die mich mit der ihr eigenen Praxis der Achtsamkeit, mit ihrer Einsicht und Klarheit und ihrem Vertrauen in diese Arbeit auf wundervolle Weise unterstützte. Dank gebührt ebenfalls meinen Studenten des Western Oregon State College, die mir Vorschläge für diese letzte Ausgabe machten und mich täglich daran erinnern, daß mein Leben meine Botschaft sein muß.

Ich danke ebenfalls meiner Mutter Genevieve, die aufmerksam zusieht, wie der Apfelbaum vor dem Fenster ihrer Wohnung blüht, Früchte trägt und seine Blätter verliert. Mama, danke für all die Momente, die Du mit mir geteilt hast, und für Deine immerwährende Liebe und Unterstützung.

Einleitung

Wir können uns nur in den Augenblicken lebendig
nennen, in denen sich unser Herz seiner Schätze
bewußt ist.

THORNTON WILDER

Sie werden gleich eine der ältesten und tiefgründigsten Methoden kennenlernen und hoffentlich bald selbst erfahren, durch die Ihre Gesundheit, Ihre Leistungsfähigkeit und Ihr Glück gesteigert und Ihre Beziehungen verbessert werden können – die *Achtsamkeit.*
Achtsamkeit bedeutet, sich seiner Erfahrungen in jedem Augenblick bewußt zu werden. Verwurzelt in alten Traditionen, wird diese Praxis heute auch in psychosomatischen Kliniken erfolgreich angewandt.
Früher lebte ich für den nächsten Augenblick. Ich gehörte zu jenen Menschen, die Seiten überblättern, wenn sie ihren Kindern Gutenachtgeschichten vorlesen. Fuhren wir in die Ferien, wollte ich vor allem ankommen; die Reise selbst war daher selten besonders schön. Meditation (was einfach »beachten« bedeutet) veränderte jedoch meine Sichtweise des Lebens. Meiner Erfahrung nach neigen die meisten Menschen dazu, das Leben nicht besonders zu genießen, weil sie es unterwegs so häufig verpassen. Leben ist alles, was wir versäumen, während wir schon weitere Pläne schmieden.
Bei einer kritischen Sichtung der Literatur zu Gesundheit und Psychologie entdeckte ich tatsächlich Hunderte verschiedener Methoden, durch die Wohlbefinden und Glück erreicht werden sollen. Aber mir wurde klar, daß einzelne Techniken bzw. einzelne

Prozesse uns nicht auf magische Weise Streß oder andere Probleme, auf die wir im Leben stoßen, bewältigen lassen. Infolgedessen begann ich mich mehr für die Erforschung der Methoden und Philosophien zu interessieren, die dem einzelnen dabei helfen können, sowohl zu Hause als auch am Arbeitsplatz ein erfüllteres Leben zu führen. Ich möchte Sie ermutigen, die *Qualität* Ihrer Erfahrung in jedem Augenblick als brauchbaren und sogar einzigartigen Gradmesser eines gesunden und erfolgreichen Lebens zu betrachten. Achtsamkeit zu üben ist ein Weg, dieses Abenteuer zu beginnen.

Das Material in diesem Buch beruht auf dem Trainingsprogramm für Achtsamkeit, das ich für Menschen ins Leben gerufen und geleitet habe, die ihr Leben bewußter erfahren wollen. Das Programm ist das Ergebnis meiner Erfahrungen mit Lehrern wie Carl Rogers, der mich den Wert der Präsenz lehrte; Elisabeth Kübler-Ross, die mir einprägte, wie wichtig es ist, unerledigte Angelegenheiten zu vollenden; Beata Jencks, die in ihrer psychosomatischen Arbeit Bewußtsein und Atmen betont; Ram Dass, Stephen Levine und Jack Kornfield, die mich in die Praxis der Meditation einführten, und besonders Thich Nhat Hanh, der mich durch seine achtsame Gegenwart inspiriert, seine Lehren und Beiträge zum Frieden des einzelnen und der Welt. Dies ist nicht ein weiteres Buch darüber, wie man Streß bewältigt, obwohl Achtsamkeit einen grundlegenden Weg bietet, dieses Problem zu meistern. Mein Ziel ist, Ihnen dabei zu helfen, sich dessen zu erinnern, was Sie bereits wissen, und Ihren Geist für die Schönheit und Freude wiederzuerwecken, die in jedem Augenblick existieren.

Achtsamkeit – Leben im Augenblick kann zu einem Werkzeug werden, mit dessen Hilfe Sie lernen, wie Sie diesen natürlichen, bei kleinen Kindern so deutlichen Zustand der Entdeckerfreude wiedererlangen, diesen Zustand der Würdigung jedes Augenblicks, der zum ersten Mal erlebt wird. Lernen, achtsamer zu werden, ist die Alternative zu einem *unachtsamen* oder mechanischen Leben.

Dieses Buch kann Sie auch an die Kostbarkeit jedes Augenblickes erinnern und Sie erkennen lassen, daß der nächste Augenblick unter Umständen Ihr letzter sein könnte. Es zeigt Ihnen, wie Sie die alltäglichsten Tätigkeiten wie Atmen, Essen und Gehen mit Freude erleben können. Dieser Prozeß kann in der Tat zu einer Lebensweise führen, die Streß reduziert, Leistungsfähigkeit und Beziehungen verbessert und Freude weckt. Nutzen Sie dieses Buch als Gefährten und Führer zu einem achtsamen Leben. Nehmen Sie sich die Zeit innezuhalten, denken Sie nach, und führen Sie nach und nach die Übungen aus. Lernen zu sein ist ebenso wichtig wie lernen zu *handeln*.

Halten Sie eben jetzt, in diesem Augenblick, inne, und seien Sie sich Ihres Atems und Ihrer Lebendigkeit bewußt. In diesem Augenblick liegen Gesundheit, Ganzheit und das Potential für Freude und Frieden. Durch dieses einfache Gewahrsein Ihres Atems und des gegenwärtigen Augenblicks haben Sie bereits mit einer Praxis begonnen, die Sie, hoffentlich, in jedem Augenblick üben und erleben werden.

Bevor wir diese Reise in die Achtsamkeit beginnen, sind Sie eingeladen, über die folgenden Fragen nachzudenken. Diese Fragen können Sie nur beantworten, wenn Sie tief in sich hineinsehen, ein Vorgang, dem sich das ganze Buch widmet.

1. Was verpasse ich, während ich weitere Pläne schmiede?

2. Wohin gehe ich überhaupt?

3. Wie würde ich folgende Aussagen ergänzen?
   »Ich werde glücklich sein, wenn _____ «
   »Wenn nur _____ «

4. Welches Ereignis der Vergangenheit raubt mir meinen Frieden?

5. Wie oft bin ich nicht wirklich anwesend, wenn ich mit jemandem zusammen bin?

6. Wie oft lebe ich im gegenwärtigen Augenblick?

7. Was hält mich davon ab, im gegenwärtigen Augenblick zu leben?

8. An welchen angenehmen Dingen halte ich fest?

9. Mit welchen schmerzhaften Dingen will ich nichts zu tun haben?

10. Woran »klammere« ich mich?

11. Welche Vergnügen habe ich versäumt zu genießen?

12. Welches sind die optimalen Bedingungen für mein persönliches Wachstum?

13. In welcher Hinsicht kann ich friedfertiger werden?

14. Wer sind die glücklichsten Menschen, die ich kenne?

15. Was ist ihr Geheimnis?

16. Welche Erlebnisse/Aktivitäten bereiten mir die größte Freude?

17. In welchen Augenblicken meines Lebens fühle ich mich am lebendigsten?

18. »Handeln« oder »Sein« – worauf liegt der Schwerpunkt in meinem Leben?

19. Welches sind die optimalen Bedingungen dafür, wirklich mit einem anderen Menschen zusammenzusein?

20. In welcher Beziehung lebe ich mein Leben »unachtsam« oder automatisch?

Eine Frage oder ein Punkt aus der obigen Liste hat für Sie sicherlich die größte Bedeutung. Bitte schreiben Sie sie auf:

_____

_____

Achtsamkeit – Leben im Augenblick bietet Einsichten in diese und viele weitere Fragen, die zu einem achtsameren und wacheren Leben gehören.

TEIL EINS
Ein Überblick

Ich habe gelernt, dort glücklich zu sein, wo ich bin.
Ich habe gelernt, daß alle Freuden, aller Frieden, die
Fasern des Gewebes, das wir Leben nennen, in den
Augenblicken eines jeden Tages eingeschlossen sind.
Der Sinn liegt im Augenblick. Es gibt keinen anderen
Weg, ihn zu finden. Du fühlst, was du dir zu fühlen
erlaubst, jeden einzelnen Augenblick des Tages.

RUSS BERRIE

In Teil eins werden Sie

♦ die Bedeutung von Achtsamkeit entdecken.

♦ eine geistige Ausrichtung fördern, mit der Sie Achtsamkeit entwickeln können.

♦ die Wichtigkeit von Achtsamkeit für Ihr Leben kennenlernen.

♦ Ihre Achtsamkeit testen.

Was ist Achtsamkeit?

Achtsamkeit ist ein natürlicher Zustand, in dem wir Augenblick für Augenblick leben. Beobachten Sie kleine Kinder, und Sie werden schnell feststellen, daß der größte Teil ihres Bewußtseins auf den gegenwärtigen Augenblick gerichtet ist. Sie kümmern sich nicht um Vergangenheit oder Zukunft. Ich erinnere mich, daß ich meine kleinen Kinder einmal irgendwo hingefahren habe und wir uns einem Bahnübergang näherten, als das Signal zu blinken begann und die Schranke niederging. Mein erster Gedanke war: »O nein! Jetzt werden wir von einem Zug aufgehalten und kommen zu spät.« In eben diesem Moment rief meine Tochter vom Rücksitz: »Papa, Papa, so ein Glück! Wir sehen, wie der Zug vorbeifährt!« Ihr Bewußtsein für den gegenwärtigen Augenblick war eine wunderbare Erinnerung daran, innezuhalten und zu genießen, was die Fahrt unterwegs zu bieten hatte. Kleine Kinder können uns Achtsamkeit lehren, wenn sie sich über den winzigen Käfer freuen, der über ein Blatt krabbelt, über das Plätschern eines Fisches im Fluß und das Gefühl des Sandes unter ihren Füßen – und nicht nur den »Überblick bewahren«.

Dieses gleiche Gewahrsein kann man auch bei älteren Menschen oder bei denjenigen, die dem Tode nahe sind, beobachten. Als sich mein Nachbar John im Endstadium einer Krebserkrankung befand, freute er sich über jeden Sonnenuntergang, den er mit seiner Frau auf der Veranda sitzend genießen konnte; oft bekundete er einen neuen, tiefen Sinn für die Schönheit seines Gartens und des Berglandes im Hintergrund. Die Erkenntnis der Kostbarkeit eines jeden Augenblicks ist bei jenen offensichtlicher, die *wissen*, daß das Lebensende, so wie wir es kennen, nahe ist. Wie die Autorin Joan Borysenko feststellt: »Wir sind alle endlich, die Frage ist nicht, ob wir sterben werden, sondern wie wir leben.« Achtsamkeit besitzt viele Definitionen, einige von ihnen sind Tausende von Jahren alt:

> *Achtsamkeit bedeutet, das Bewußtsein für die*
> *gegenwärtige Wirklichkeit empfänglich zu halten.*
> *Sie ist das Wunder, durch das wir uns überwinden*
> *und erneuern.*
>
> THICH NHAT HANH

> *Achtsamkeit ist ein Zustand, in dem wir offen*
> *sind, neue Kategorien zu erschaffen, aufgeschlos-*
> *sen für neue Informationen und uns mehr als einer*
> *Perspektive bewußt sind. Unachtsamkeit heißt, in*
> *einer bestimmten Situation voreilig auf eine*
> *Perspektive festgelegt zu sein und dann aus dieser*
> *speziellen geistigen Ausrichtung heraus zu*
> *handeln.*
>
> ELLEN LANGER

> *Achtsamkeit ist eine alte asiatische Technik, die*
> *auf den klassischen Buddhismus in Indien zurück-*
> *geht. Sie wird in ihren frühen Formen immer noch*
> *in bestimmten Ländern praktiziert, vor allem in*
> *Birma und Thailand. Seit Jahrhunderten wenden*
> *die Japaner Zen-Gewahrsein auf die Zubereitung*
> *von Tee an, ein Beweis dafür, wie Achtsamkeit für*
> *alltägliche Verrichtungen genutzt werden kann.*
> *Gegenwärtig wird Achtsamkeit in der westlichen*
> *Medizin als Heilmittel angewendet.*
>
> DANIEL GOLEMAN UND TARA BENNETT-GOLEMAN

> *In den westlichen Traditionen wird Achtsamkeit*
> *mit Andachtsübungen in Verbindung gebracht, in*
> *denen das Göttliche ein ständiger Gefährte in uns*
> *ist. Im Christentum besteht die Praxis darin, Jesus*

ständig zur Seite zu haben. Im Judentum bewirkt
die kabbalistische Vorstellung von der Schöpfung,
die in jedem einzelnen Augenblick stattfindet,
allem gegenüber eine feine Empfindsamkeit. All
diese Vorstellungen können geübt werden, um
unser Gewahrsein auf eine höhere Ebene zu heben,
was zu der vollständig neuen Perspektive führt, die
Dinge so zu sehen, »wie sie wirklich sind«.

DAVID COOPER

Achtsamkeit ist eine Technik, die entschlossene Wachheit lehrt. Dies bedeutet, daß Sie sich sowohl eines jeden Augenblicks als auch Ihrer Handlungen in jenem Augenblick vollständig bewußt sind. So leben Sie jeden Augenblick; im Gegensatz dazu erlaubt Ihnen »Unachtsamkeit«, sich von beliebig aufsteigenden Gedanken und Wünschen »angeln« zu lassen oder an diesen festzuhalten.

Kommt Ihnen das irgendwie bekannt vor? Obwohl Sie es vielleicht nicht Achtsamkeit nennen würden, ähnelt das Konzept der Kontemplation, dem Gebet, der Meditation, den Kampfkünsten oder Yoga, um nur einige zu nennen. Alle diese Übungen beruhen auf Aufmerksamkeit. Da ich katholisch aufgewachsen bin, sprach ich die sich wiederholenden Gebete des Rosenkranzes. Später experimentierte ich mit einer Anzahl östlicher meditativer Übungen. Immer wieder fand ich durch diese Erfahrungen augenblicklich Gelassenheit und Frieden. Möglicherweise ist es nur eine Frage der Semantik, denn die Bestandteile der Achtsamkeit findet man in den meisten religiösen Traditionen und Praktiken.

Im allgemeinen beruht Meditation auf der Aufmerksamkeit für die Tätigkeiten des Geistes, während das Gebet auf der Aufmerksamkeit für die Gegenwart des Heiligen im Leben beruht. Mit den Worten von Rick Fields: »Die Kampfkünste, Hatha Yoga und spiritueller Tanz beruhen auf der Aufmerksamkeit für den Geist, wie er sich durch den Körper bewegt. Und die Disziplinen der inneren Führung beruhen auf Aufmerksamkeit für die Weisheit der ›stillen, kleinen, inneren Stimme‹.« Ein gemeinsames Thema all dieser Übungen ist die Achtsamkeit.

Die Praxis der Achtsamkeit besitzt zwei wichtige Eigenschaften. Die erste ist, im gegenwärtigen Augenblick zu leben; die andere ist damit verbunden, einer Vielzahl von Perspektiven gegenüber aufgeschlossen zu bleiben. Nachdem ich mit einem Freund über das Konzept der Achtsamkeit gesprochen hatte, schrieb er folgende bekannte Aussage auf ein Blatt Papier und bat mich, sie laut zu lesen:

Ich liebe Paris im
im Frühling

Meine erste, zweite und dritte Antwort lautete: »Ich liebe Paris im Frühling.« Als ich den Satz jedoch noch einmal achtsam las, bemerkte ich, daß dort ein zusätzliches *im* stand! Dies ist ein einfaches Beispiel dafür, wie wir angesichts eines Gegenstandes oder einer Person von einer gewohnten Sichtweise gefangen sein können, so daß wir uns durchs Leben bewegen, indem wir an einem einzigen sicheren und vertrauten Muster festhalten und gar nicht die unglaubliche Vielfalt der Alternativen und Perspektiven bemerken, die uns auf unserem Weg zugänglich sind. Man kann leicht erkennen, wie wir in eine ziemlich mechanische Lebensweise geraten können, während wir auf immer derselben Strecke zur Arbeit fahren, uns anderen gegenüber schablonenhaft verhalten und die täglichen Aufgaben auf ewig dieselbe Weise verrichten. Ich bitte meine Studenten oft, all die *un*-achtsamen Tätigkeiten aufzuzählen, mit denen sie an diesem Tag beschäftigt waren. Ihre Listen zeugen zumeist von der Langeweile und dem Mangel an Schwung und Anregung, aus denen ein guter Teil ihres Tages besteht. Indem sie lernen, sich aller alternativen Möglichkeiten des gegenwärtigen Augenblicks bewußt zu werden und die alten Muster und Daseinsweisen loszulassen, sehen sie auf der Stelle neuen Lebenssinn und neue Lebensfreude.

Hinwendung zur Achtsamkeit

Achtsamkeit zu entwickeln erfordert, wie jedes neue Verhalten, eine neue Ausrichtung des Geistes. Jon Kabat-Zinn, der Gründer der Klinik zur Bewältigung von Streß an der medizinischen Fakultät der Universität von Massachusetts, lehrt sieben Verhaltensgrundsätze für Achtsamkeit: »Nicht urteilen, Geduld, Anfängergeist, Vertrauen, nach nichts streben, Annehmen und Loslassen.« Damit es Ihnen leichter fällt, die Geisteshaltung der Achtsamkeit zu entwickeln, denken Sie über folgendes nach:

♦ Können Sie Ihre Gedanken beobachten, ohne sie zu beurteilen? Wie häufig urteilen Sie über sich selbst, anstatt einfach die aufsteigenden Gedanken zu beobachten? Lernen, andere bedingungslos anzunehmen, heißt zunächst, sich selbst *nicht zu beurteilen.*

♦ Streben Sie eher nach unverzüglicher Linderung von Schmerzen und nach sofortigem Vergnügen, als daß Sie den Ereignissen gestatten, sich in ihrem eigenen Tempo und zu ihrer eigenen Zeit zu ereignen? Vollständige Offenheit für jeden Augenblick erfordert *Geduld.*

♦ Halten Sie sich selbst für einen Experten oder einen Anfänger? Aus der Zen-Philosophie kommt der Begriff *Anfängergeist.* Er bedeutet, daß Sie lernen, jeden Augenblick und jede Handlung so zu empfinden, als erlebten Sie sie zum ersten Mal. Kinder sind hierfür ausgezeichnete Vorbilder.

♦ Wie oft warten Sie darauf, daß andere etwas beschließen, bevor Sie eine persönliche Entscheidung treffen? *Vertrauen* zu sich selbst zu entwickeln anstatt auf andere zu schauen, ist ein Schlüssel für die Entwicklung von Achtsamkeit. Im Laufe der Beobachtung von Gedanken, Gefühlen, Empfindungen und

Körpererfahrungen lernen Sie, darauf zu vertrauen, daß sich, ebenso wie sich alles in der Natur verändert, auch die Erfahrung des Augenblicks ändert.

◆ Wir verbringen den größten Teil unseres Wachseins mit »Tun« oder Streben, irgendwohin zu gehen oder irgend etwas zu erlangen. Aus Nicht-Streben folgt »Sein«, und aus Streben folgt »Tun«. Es ist schwierig, jeden Tag etwas Zeit zu gewinnen, um einfach zu »sein«, da meist der größte Teil unserer Identität auf dem beruht, was wir tun oder zustande bringen. Achtsamkeit zu entwickeln heißt auch, für wirklich jede Erfahrung aufgeschlossen zu sein. Lernen, im Augenblick glücklich zu sein und jeden Tag Zeit zu finden, einfach zu »sein«, ist der Kern der Achtsamkeitspraxis.

◆ Fällt es Ihnen schwer, sich selbst anzunehmen? Wenn Sie Achtsamkeit üben, nehmen Sie jeden Augenblick so an, wie er sich zeigt, und sind vollständig in ihm. Sie lernen etwas *anzunehmen*, indem Sie die aufsteigenden Gedanken, Gefühle, Empfindungen und Erfahrungen ohne zu urteilen beobachten. Es ist schwierig, die Vergangenheit mit all ihrem Schmerz, den Niederlagen und Problemen anzunehmen, wenn Sie nicht lernen, das zu akzeptieren, was in der Gegenwart geschieht.

◆ Wie oft »klammern« Sie sich an Erfahrungen und Menschen der Vergangenheit? Zu vergeben heißt loszulassen. Einer meiner Lieblingssprüche heißt: »Wer an altem Groll festhält, erlaubt jemandem, den er verachtet, mietfrei in seinem Kopf zu leben.« Wenn Sie die Gedanken, Gefühle, Empfindungen und Erfahrungen, die von Augenblick zu Augenblick aufsteigen, beobachten und loslassen können, ist es einfacher, die Vergangenheit loszulassen.

Betrachten Sie z. B. Ihre alltäglichen Beziehungen. Wenn Sie dazu neigen, zu *urteilen* oder wenig *Geduld* zu haben, wie können Sie dann erwarten, andere wirklich zu *akzeptieren*? Wie können Sie von den anderen in Ihrer Umgebung lernen, wenn Sie immer recht haben oder Experte sein müssen? Wie können Sie im Hier und Jetzt leben, wenn Sie die Vergangenheit nicht loslassen können oder immer nach der Zukunft streben? Sowie Sie lernen, achtsamer zu sein, können Sie über sich selbst und Ihre Beziehungen zu anderen viele tiefe Einsichten gewinnen. Wenn Sie mit der Übung der Achtsamkeit fortschreiten, werden Sie lernen, der Achtsamkeit eine persönliche Bedeutung zu geben, und Ihr tägliches Leben nach dieser geistigen Haltung ausrichten.

Betrachtungen

Ein Leben ohne Achtsamkeit heißt zu leben, als seien wir bereits gestorben.

SHARON SALZBERG

Ein Anfängergeist hat viele Möglichkeiten, aber der des Experten nur wenige.

SHUNRYU SUZUKI

Du mußt überhaupt nichts tun. Nirgendwo hingehen, nichts tun. Sei in Eintracht mit den Dingen, so wie sie jetzt sind, entspanne dich, laß los.

ANONYM

Ein jegliches hat seine Zeit, und alles Vorhaben unter dem Himmel hat seine Stunde:
geboren werden hat seine Zeit, sterben hat seine Zeit;
töten hat seine Zeit, heilen hat seine Zeit;
weinen hat seine Zeit, lachen hat seine Zeit;
klagen hat seine Zeit, tanzen hat seine Zeit;

behalten hat seine Zeit, wegwerfen hat
seine Zeit . . .

PREDIGER SALOMO

Ich habe gelernt, daß das Gespür meines ganzen
Organismus für eine Situation vertrauenswürdiger
ist als mein Intellekt.

CARL ROGERS

◆　Was bedeutet das Wort
　　Achtsamkeit für Sie?

◆　Nehmen Sie sich Zeit,
　　auf Ihre aufsteigenden
　　Gedanken zu achten.
　　Wie viele beruhen auf
　　Urteilen?

◆　Auf welche Weise kön-
　　nen Sie die in »Hinwen-
　　dung zur Achtsamkeit«
　　beschriebenen Konzepte
　　im täglichen Leben an-
　　wenden?

Warum Achtsamkeit?

Vor einigen Jahren nahm ich an einem Workshop von Dr. Elisabeth Kübler-Ross teil, der berühmten Ärztin, die Pionierarbeit für unser Verständnis von Sterben und Tod geleistet hat. Am besten erinnere ich mich an ihre Berichte über ihre Arbeit mit Sterbenden. Nachdem sie mit Tausenden von sterbenden Patienten gearbeitet hatte, bemerkte Dr. Kübler-Ross, daß die meisten Menschen am Ende ihres Lebens sich am besten an *Augenblicke* erinnerten. Geschäfte, Arbeit, Termine, Rechnungen, Rang, Besitz, all dies gilt dem sterbenden Menschen wenig oder nichts im Vergleich zu besonderen Augenblicken mit geliebten Menschen. Auf einer Reise nach Südkalifornien mit meiner damals fünfjährigen Tochter besuchten wir die typischen Touristenattraktionen. Wir gingen auch am Strand spazieren und schrieben uns gegenseitig Nachrichten in den Sand. Kurz nach unserer Rückkehr fragte ich meine Tochter, was ihr auf der Reise am besten gefallen habe. Ich dachte, sie würde »Disneyland« sagen, und war überrascht und gerührt, als sie erklärte: »Am schönsten war der Strandspaziergang mit dir, Papa.« Ob also ein Mensch dem Tode nahe ist oder lebt wie ein Kind, was wirklich zu zählen scheint, sind *Augenblicke*. Mehr Augenblicke so zu leben, als seien sie unser erster oder unser letzter, kann schon Motivation genug sein für mehr Achtsamkeit. Aber Achtsamkeit bietet noch mehr Vorteile.

Reduzierung von Streß. Sechzig bis neunzig Prozent aller Krankheiten können direkt oder indirekt mit Streß in Verbindung gebracht werden, und die Reduzierung von Streß ist eines der wichtigsten Anliegen in der heutigen Welt. Streß ist häufig das

Ergebnis von übermäßigem Engagement oder der Neigung, immer in Eile zu sein. Im Augenblick zu leben ist vielleicht eines der bestgehüteten Geheimnisse für Wohlbefinden und die Reduzierung von Streß. Ein Hausarzt: »Wenn das Wartezimmer und alle Untersuchungszimmer voll sind, ist meine beste Taktik, dem gewachsen zu sein, mich ganz auf die Person zu konzentrieren, die gerade bei mir ist.«

Erhöhte Leistungsfähigkeit. Effektivität und Produktivität steigen, wenn sich die Konzentration eines Menschen verbessert. Wenn der Geist wandert, ist es schwierig, sich zu konzentrieren. Die Beschäftigung mit der Vergangenheit oder der Zukunft, gepaart mit »mehrphasigem Denken« (viele Gedanken gleichzeitig), hat nicht zu Ende geführte Tätigkeiten und Aufgaben sowie unbefriedigende Beziehungen zur Folge. Studien haben gezeigt, daß sich der einzelne durch die Entwicklung von Achtsamkeit besser konzentrieren kann und daher leistungsfähiger wird. Meine Studenten bestätigen mir die Bedeutung der Achtsamkeit häufig, wenn sie konzentriert arbeiten, um eine Seminararbeit rechtzeitig zu beenden.

Verbesserte Beziehungen. Denken Sie an die wichtigsten Menschen in Ihrem Leben, und erinnern Sie sich, wie es war, als Sie das letzte Mal mit ihnen zusammen waren. Waren Sie wirklich *bei* ihnen? Unsere Präsenz, ob in persönlichen Beziehungen oder beruflich, spricht eine deutliche Sprache. Kürzlich erkannte eine Stationsschwester, daß sie normalerweise gleichzeitig an Karteien oder anderen Aufgaben arbeitete, während sie mit ihren Kollegen sprach. Indem wir aber wirklich gegenwärtig und aufmerksam sind, zeigen wir unserem Gegenüber, daß er oder sie augenblicklich für uns am wichtigsten ist. Das schönste Geschenk, das Sie jemandem machen können, ist das Ihrer vollständigen Gegenwart.

Freude. Während wir versuchen, uns zu beeilen, versäumen wir häufig die Gelegenheit, die kleinen Freuden zu genießen, auf die wir in jedem Augenblick stoßen können. Wie viele Sonnenuntergänge, Lächeln und kleine Abenteuer haben Sie schon verpaßt? Während Sie die Kunstfertigkeit der Achtsamkeit entwickeln, können Sie lernen, auf weniger hektische, auf vergnüglichere und konzentriertere Weise zu arbeiten und zu spielen. Als Ergebnis erfahren Sie unweigerlich mehr Freude in Ihrem Leben.

Frieden. Gewalt ist heutzutage eine der größten Sorgen unserer Gesellschaft. Nationale und lokale Regierungen entwerfen verzweifelte Strategien, den Ansturm gewaltsamen Verhaltens durch Waffengesetze, Ausgangsverbote, härtere Strafen und mehr Gefängnisse zu zügeln. Tatsächlich liegt die Lösung aber in jedem einzelnen von uns. Der derzeitige Dalai Lama, Träger des Friedensnobelpreises, hat gesagt: »Wenn wir inneren Frieden haben, können wir mit unserer Umgebung in Frieden leben.« Friedlich zu sein erfordert eine Praxis oder Lebensweise, die den weite Teile unseres Lebens so beherrschenden Zyklus der Gewalt und des Hasses durchbricht. Die Praxis der Achtsamkeit kann uns dabei helfen, den Weg zum Frieden zu entdecken.

Betrachtungen

Nichts kann einem Menschen nützlicher sein als die Entschlossenheit, sich nicht hetzen zu lassen.
ANONYM

Der Blume, dem Himmel, deinen Liebsten kannst du nur im gegenwärtigen Augenblick begegnen.
THICH NHAT HANH

Die meisten Menschen jagen mit solch atemloser Hast dem Vergnügen nach, daß sie an ihm vorbeieilen.
SØREN KIERKEGAARD

- Denken Sie an ein aufreibendes Problem, dem Sie sich heute stellen müssen. Wie könnte die Praxis der Achtsamkeit dabei helfen, die negativen Konsequenzen, die durch das Problem hervorgerufen werden, zu verringern?

- Überlegen Sie, auf welchen Gebieten Ihres Lebens Sie nicht so leistungsfähig sind, wie Sie es gern wären. Wie könnte die Praxis der Achtsamkeit Ihre Konzentration und Leistungsfähigkeit im Privat- und Berufsleben verbessern?

- Denken Sie an einen Menschen, den Sie wie selbstverständlich hinnehmen. Wie könnte die Praxis der Achtsamkeit neuen Schwung in diese Beziehung bringen?

- Welche freudigen Momente Ihres Lebens werden Ihnen heute ganz sicher nicht entgehen?

- Wie können Sie Ihr Leben friedlicher gestalten?

Achtsamkeitstest

Um das Konzept der Achtsamkeit näher zu erforschen, kreuzen Sie Ihre Antworten auf folgende Fragen, die einige alltägliche Hindernisse oder Blockaden für Achtsamkeit beschreiben, an.

Hindernisse für Achtsamkeit

1. Leide ich an der »Geschwindigkeitskrankheit«?

JA oder NEIN

Dies bezieht sich auf die Tendenz dieser Gesellschaft, sich selbst dann in Eile und gehetzt zu fühlen, wenn es nicht nötig ist.

2. Messe ich Glück an zukünftigen Gewinnen und Ereignissen?

JA oder NEIN

Davon zeugt auch die Beschäftigung mit Gedanken wie »Ich werde glücklich sein, wenn...«, »Wenn nur...«

3. Vergleiche ich die Gegenwart ständig mit der Vergangenheit?

JA oder NEIN

Dies geschieht immer dann, wenn wir Mühe haben, die Erfahrungen der Vergangenheit wie Jugend, Sommer, Beziehungen usw. loszulassen.

4. Versuche ich normalerweise, Schmerz zu leugnen oder zu verdrängen?

JA oder NEIN

Dies bezieht sich auf die Abneigung, sich auch den negativen Seiten des Lebens zu stellen.

5. Gibt es in meinem Leben unerledigte Angelegenheiten?

JA oder NEIN

Dies bezieht sich auf unausgesprochene Gefühle für in Ihrem Leben wichtige Menschen und/oder unvollendete Aufgaben oder Ziele.

6. Bin ich häufig von Routinearbeiten und dem normalen Alltagsleben gelangweilt? JA oder NEIN

Scheint Ihnen das Leben dumpf, und ertappen Sie sich oft bei dem Gedanken »Schon wieder ein Tag mit dem gleichen alten Kram«?

7. Beschäftige ich mich mit Hoffnungen auf die Zukunft?

JA oder NEIN

8. Lebe ich mein Leben automatisch Tag für Tag im immergleichen Trott, ohne an Alternativen zu denken? JA oder NEIN

9. Scheint mein Leben von alten Mustern gelenkt zu werden oder von Verhaltensweisen aus der Vergangenheit?

JA oder NEIN

Damit sind alte Botschaften und Verhaltensweisen Ihrer Familie und der Gesellschaft gemeint, durch die Sie gelernt haben, wie Sie Ihr Leben leben sollen.

Ihre Antworten auf diese Fragen geben einen Hinweis darauf, wie sehr Sie zur Achtsamkeit neigen. Natürlich gibt es keine perfekte Antwort, und zahlreiche persönliche Umstände erfordern unterschiedliche Antworten. Wenn Sie die meisten Fragen mit ja beantwortet haben, leben Sie möglicherweise nicht so achtsam, wie Sie könnten.

Sind Sie sich Ihrer Blockaden und Hindernisse bewußt, gibt Ihnen das die Freiheit, diesen Augenblick zu genießen. Zum Beispiel wurde ich früher immer von der Botschaft meiner Eltern gelenkt, mich zu beeilen. Wie viele Kinder wurde ich ständig darin bestärkt, Dinge schnell zu erledigen. »Beeil dich, und setz dich ins Auto.« »Beeil dich, oder wir kommen zu spät.« »Beeil dich mit deinen Hausaufgaben, dann kannst du rausgehen und spielen.« Selten werden Kinder oder Erwachsene dafür gelobt, wenn sie sich langsam und besonnen bewegen. Natürlich lernte ich so nur, durchs Leben zu hetzen.

Betrachtungen

Lernt von der Vergangenheit, lebt nicht in ihr;
plant die Zukunft, und laßt euch nicht von ihr
lähmen, und genießt die Gegenwart jetzt.

ANONYM

Für morgen habe ich keine Lösungen zu bieten, für
gestern keine Entschuldigungen. Dieser Augenblick
ist ein Geschenk, das ich ehre, indem ich ganz in
ihm lebe.

MARY ANNE RADMACHER-HERSHEY

Wir leben in einem »Zustand innerer Bedürftigkeit«
– kehre zu der Erfahrung des Augenblicks zurück,
als er zum ersten Mal geschah.

ROBERT FROST

- Denken Sie darüber nach, wie häufig ein Muster der Vergangenheit für Sie in der Gegenwart nicht funktioniert.

- Welche schmerzlichen Dinge weigern Sie sich, in Ihrem heutigen Leben zu betrachten?

- Was raubt Ihnen heute den Frieden?

- Welche Erwartungen an die Zukunft sind Sie bereit, für Glück in der Gegenwart aufzugeben?

TEIL ZWEI
Die Entwicklung

Der Sinn der Technik besteht nicht darin, den Atem zu betrachten, sondern den Atem als ein Mittel zu nutzen, sich auf die Gegenwart einzustellen.

STEPHEN LEVINE

Wenn wir fähig sind innezuhalten, beginnen wir zu erkennen.

THICH NHAT HANH

Gewahrsein an sich ist Heilung.

FRITZ PEARLS

Zen ist die Herangehensweise an die jeweilige Situation. Jedes Spiel, jeder Augenblick ist wie ein Atem und ein Freigeben.

PHIL JACKSON

In Teil zwei werden Sie

♦ eine Technik der acht-
  samen Atmung ent-
  wickeln.

♦ eine Methode für die
  Beobachtung von Kör-
  per und Geist lernen.

♦ die Praxis der Achtsam-
  keit erleben.

Achtsames Atmen

Ich hatte mehrmals die Gelegenheit, einige Zeit in Frankreich im Meditationszentrum Plum Village zu verbringen, das auch der Wohnsitz des buddhistischen Lehrers und Autors Thich Nhat Hanh ist. Am Eingang wird man von einem großen Schild mit den Worten begrüßt: »Du bist angekommen. Genieße den Atem.« Diese friedliche Gemeinschaft praktiziert vierundzwanzig Stunden am Tag Achtsamkeit, dabei richten sie ihre Aufmerksamkeit auf den Atem als Kern der Praxis. Jedesmal wenn es läutet, einschließlich des Telefonklingelns, halten die Bewohner des Zentrums inne, verweilen und führen ihre Achtsamkeit zurück zum Atem.

Das Üben von Achtsamkeit beginnt, indem man die Aufmerksamkeit bewußt auf den Atem richtet. Achtsames Atmen kann zu körperlichem und geistigem Gleichgewicht und zu innerer Harmonie führen. Der Atem vermittelt zwischen Körper und Geist; er verbindet das Bewußte mit dem Unbewußten.

Die meisten Menschen machen täglich zwischen 17 000 und 24 000 Atemzüge, aber nur wenige sind sich auch nur eines einzigen dieser Atemzyklen bewußt. Unser Atem kann aber in jedem Augenblick ein Gleichgewicht in uns erschaffen und uns in die Gegenwart zurückbringen. In der Natur steigt alles auf, fällt und existiert. Ebenso ist Einatmen ein Aufsteigen, Ausatmen ein Fallen, und die Pause dazwischen ist das Existieren. Wir können daher lernen, unsere Atmung als eine Metapher für das Leben und das Gleichgewicht, das in der ganzen Natur herrscht, zu verwenden.

Viele haben sich eine zu flache Atmung angewöhnt. Männer

sollen meist nicht weinen oder Gefühle wahrnehmen, infolgedessen sind ihre Gefühle häufig blockiert, und ihre Atmung ist beeinträchtigt. »Bauch rein, Brust raus« – diese Haltung wird Männern und Frauen gleichermaßen angeraten. Wieder wird dadurch aber die richtige Atmung verhindert. Säuglinge atmen natürlich, nämlich über den Bauch. Sehen Sie einem Baby beim Atmen zu. Es kümmert sich nicht um sein Aussehen. Es geht nur zur Brustatmung über, wenn es Hunger hat oder sich unwohl fühlt. Genauso werden Sie, wenn Sie sich Ihrer Atmung bewußter sind, Ihre Atemgewohnheiten auf natürliche Weise verlangsamen und mehr zur Bauch- oder Zwerchfellatmung übergehen.

Sich der Atmung bewußt zu werden hat viele Vorteile. Erstens erinnert uns die Atmung daran, zum gegenwärtigen Augenblick zurückzukommen. Häufig halten Sie tatsächlich inne, wenn Sie während einer Aktivität oder vor Aufregung nach Luft schnappen. Beobachten Sie in einem solchen Augenblick einfach Ihren Atem und nehmen Sie wahr, wie Ihnen diese Übung sofort die Gelegenheit bietet, sich zu zentrieren und Geist, Körper und Seele so wieder zusammenzuführen. Aus dem Wort Respiration läßt sich die Bedeutung »wiederbeseelen« (engl. *re-spirit*) ableiten. Die Verwendung des Atems, um sich zu zentrieren und »wiederzubeseelen«, ist das Herz der Achtsamkeitspraxis.

Atmen schenkt Ihnen auch einen Augenblick der Ruhe und Erneuerung. In jedem Atemzyklus gibt es, vor allem während der Ausatmungsphase, die Gelegenheit, sich zu entspannen. Sie werden, während Sie einatmen, energiegeladener und während Sie ausatmen entspannter. Sind Sie lethargisch oder schläfrig, wird das bewußte Einatmen für den nötigen Sauerstoff sorgen, und Ihr Körper kann sich regenerieren. Das ist manchmal hilfreicher als ein koffeinhaltiges Getränk. Zusätzlich kann Ihnen das bloße Gewahrsein der Ausatmungs- oder Entspannungsphase helfen, Ihren Körper in Zeiten starker Anspannung wie Arbeitsdruck, Verkehrsstau oder Beziehungsproblemen ins Gleichgewicht zurückzubringen.

Schließlich ist bewußtes Atmen eine der besten Methoden zur Beruhigung des Geistes. Die Konzentration auf den Atem lenkt Ihre Aufmerksamkeit von dem ab, was Ihren Geist zu sehr beschäftigt. »Die stärkste Waffe gegen Streß ist unsere Fähigkeit, einen Gedanken einem anderen vorzuziehen«, das stellte schon William James fest. In dem Augenblick, in dem Sie Ihr Bewußtsein vollständig auf Ihren Atem richten, denken Sie wahrscheinlich nicht über andere Dinge nach.

Praxis des achtsamen Atmens

1. Nehmen Sie eine bequeme Sitzposition mit geradem Rücken ein. Entspannen Sie Hände und Arme oder legen Sie sie in Ihren Schoß. Haben Sie diese Übung einmal gelernt, können Sie sich aussuchen, ob Sie die Augen dabei lieber offen oder geschlossen halten.

2. Richten Sie Ihre Aufmerksamkeit auf den Atem. Verändern Sie Ihre Atmung nicht, beobachten Sie einfach, und nehmen Sie das Ein und Aus Ihres Atems an der Nase oder das Steigen und Fallen Ihres Zwerchfells wahr. Verbinden Sie die Einatmung mit der Ausatmung, die Ausatmung mit der Einatmung. Beachten Sie: Als Hilfe für die Konzentration auf den Atem wiederholen Sie bestimmte Sätze oder Worte. Zum Beispiel können Sie, während Sie ein- und ausatmen, immer wieder folgende Sätze sprechen:

Einatmend weiß ich, daß ich einatme.
Ausatmend weiß ich, daß ich ausatme.

Oder

Einatmend beruhige ich meinen Körper.
Ausatmend lächle ich.

Sie können auch nach jedem Ein- oder Ausatmen einfach ein Wort wiederholen, z. B. »ein«, »aus«, »ruhig« oder »lächeln«. Wenn Sie sich selbst Sätze oder Worte ausdenken, haben Sie vielleicht mehr Bezug zu Ihrer Praxis. Thich Nhat Hanh macht in seinem Buch *Und ich blühe wie die Blume* viele Vorschläge.

3. Während Sie atmen, haben Sie natürlich Gedanken, Gefühle, Sinneseindrücke und Körperempfindungen. Ist dies der Fall, nehmen Sie es einfach zur Kenntnis, und richten Sie dann Ihre Aufmerksamkeit wieder auf den Atem.

Wenn Sie lernen, sich des Atems bewußt zu werden und ihn zu beobachten, ist dies eine der besten Methoden, Achtsamkeit zu lernen. Wie Sie entdecken werden, erleichtert Ihnen das Gewahrsein des Atems, sich auf den Augenblick auszurichten, zu regenerieren und den Geist zu beruhigen. Entdecken Sie selbst den positiven Einfluß des Atems auf Ihr eigenes Empfinden für Gleichgewicht und Selbstbeherrschung. Das lateinische Wort sowohl für Atem als auch Geist ist *spiritus*. Erlauben Sie dem Atem, durch Sie hindurchzufließen, geradeso wie eine Empfindung von Geist durch Ihren Körper fließt.

In vielen Teilen Asiens halten die Menschen inne und verweilen, wenn Tempelglocken läuten. In zahlreichen christlichen Gemeinschaften erinnert das Läuten der Kirchenglocken die Gläubigen daran, zu verweilen, zu beten und nachzudenken. Eine der besten Methoden, achtsames Atmen zu üben, ist, im Laufe des Tages immer wieder innezuhalten und zu verweilen, um den Kreislauf von »Handeln«, »Funktionieren« und fieberhafter Betriebsamkeit zu unterbrechen. Nachdem ich an meiner ersten Klausur in Plum Village teilgenommen hatte, kaufte ich eine kleine Glocke. Sie steht in unserem Haus an einem auffälligen Platz, damit, wer vorbeikommt, sie läuten kann. Der Klang der Glocke erinnert jeden im Haus daran, innezuhalten, zu verweilen und einmal tief und langsam zu atmen. Als wir kürzlich Familienbesuch hatten, entdeckten mein kleiner Neffe und die kleine Nichte die Glocke und ihren Zweck sehr schnell. Wenn ihnen die Betriebsamkeit zu viel wurde, läuteten Christopher oder Elise die Glocke, atmeten und lächelten dann über das plötzliche Vergnügen, das durch das Langsamerwerden über sie kam (und weil sie die Erwachsenen dazu brachten, es ihnen gleichzutun!). Wir hatten eine winzige, aber wunderbare Methode entdeckt, kleinen Kindern sowohl etwas über Frieden als auch Achtsamkeit zu zeigen.

Betrachtungen

Das Leben beginnt mit einem Atemzug und endet mit einem Atemzug.

YOGI BHAJAN

Unser Atem ist die Brücke von unserem Körper zu unserem Geist.

THICH NHAT HANH

»Beobachte den Atem, mache den Bauch weich, öffne dein Herz« ist ein Weckruf für Achtsamkeit und Mitgefühl geworden, der Menschen über den Geist-Körper des Leidens hinaus in den tiefen Frieden ihrer Heilung führt.

STEPHEN LEVINE

- Finden Sie Zeit, täglich achtsames Atmen zu praktizieren.

- In welchen Situationen in Ihrem persönlichen Leben könnten Sie die Atmung nutzen, um in den gegenwärtigen Augenblick zurückzukommen, zu regenerieren und Ihren Geist zu beruhigen?

- Wie könnten Sie in Ihrem Leben Glocken verwenden, um sich und Ihre Familie daran zu erinnern, zu verweilen, zu atmen und den Augenblick zu genießen?

Achtsam werden

Ein berühmter Meditationslehrer wurde einst gefragt, wie lange er täglich meditiere. Die Antwort lautete: »Ich sitze mehrere Stunden täglich in aller Form und meditiere, und informell meditiere ich den ganzen Tag, indem ich jede Handlung zum Mittelpunkt meiner Meditation mache.« Paulus, der christliche Heilige, antwortete ähnlich auf die Frage, wie lange er täglich bete: »Ich bete mehrere Stunden täglich jedoch hoffe ich, daß mein ganzes Leben ein Gebet ist.« Wenn man lernt, achtsamer zu sein, geht es nicht darum, einen ständigen Zustand der Glückseligkeit zu erschaffen. Es geht darum, in jeder Handlung und jeder Beziehung wirklich gegenwärtig zu sein. Es ist ein Erwachen zum Leben.

Das Üben von Achtsamkeit wird häufig von vielfältigen Unterbrechungen und Ablenkungen sabotiert. Wie viele Male zum Beispiel ertappen Sie sich während Ihres Arbeitstages dabei, ans nächste Wochenende zu denken? Oder wie viele Male erholen Sie sich am Wochenende und Ihre Gedanken sind mit der Arbeit beschäftigt? Unser Geist schenkt den Gedanken, Gefühlen, Empfindungen und Erlebnissen natürlich Beachtung. Gedanken erregen häufig Kummer über die Vergangenheit und Sorge um die Zukunft. Wir haben angenehme, unangenehme oder neutrale Gefühle. Die Sinne liefern ständige Anreize durch Sehen, Hören, Schmecken, Riechen und Fühlen. Schließlich befindet sich unser Körper in einem Zustand ständiger physiologischer Veränderung, die mit solchen Dingen wie Muskelspannung, Atemgeschwindigkeit, Wohlbefinden und Schmerz verbunden ist.

Um etwas über Achtsamkeit zu erfahren, ist es am besten, wenn

Sie sich zunächst einen bequemen Sitzplatz suchen, an dem Sie für die Zeit, die Ihnen zur Verfügung steht, frei von Ablenkungen sind. Beginnen Sie mit der achtsamen Atmung. Ihre Aufmerksamkeit ist auf das Ein und Aus Ihres Atems gerichtet, Sie beginnen – geduldig und ohne zu urteilen – Ihre Gedanken zu erforschen, Ihre Sinne, Gefühle und Körpererfahrungen, als seien Sie ein Anfänger, der mehr über sich erfahren möchte.

Gedanken. Was denke ich jetzt? Welche Art von Gedanken sind am häufigsten? Zählen Sie Gedanken, als seien es Bäume, Schafe oder Geld. Stellen Sie den Anfang eines Gedankens fest, seine Mitte und folgen Sie ihm dann bis zum Ende. Gedanken und kleine Kinder haben eines gemeinsam: Sie brauchen Aufmerksamkeit! Erkennen Sie, was mit Ihren Gedanken geschieht, wenn Sie sie einfach bemerken, jeden von ihnen als »Denken« benennen und dann zu Ihrem Atem zurückkehren.

Sinne. Leben ist die Ansammlung der Sinneserfahrungen, die wir von Augenblick zu Augenblick erleben. Unsere Fähigkeit, uns unserer Sinne bewußt zu werden, ist eine der Grundlagen dafür, das Leben in seiner Fülle zu erleben. Sehen, Hören, Schmecken, Riechen und Tasten sind die grundlegenden Sinne. Schauen Sie sich um. Was *sehen* Sie? Nehmen Sie jedes Geräusch Ihres Körpers und Ihrer Umgebung wahr. Was *hören* Sie? Was *riechen* Sie in diesem Augenblick? Ertasten Sie Ihre unmittelbare Umgebung. Was erleben Sie durch das *Tasten*? Essen Sie langsam ein Lieblingsgericht. Was bemerken Sie, während Sie *schmecken*? Fahren Sie fort, *was* Sie spüren und *wie* Sie es spüren wahrzunehmen und benennen Sie es (bezeichnen Sie z. B. das Geräusch des Windes mit »Hören« und den Anblick einer schönen Blume mit »Sehen«). Nehmen Sie wahr und benennen Sie, was Sie in diesem Augenblick spüren, erleben Sie die Empfindung vollständig, und kehren Sie dann zu Ihrem Atem zurück.

Gefühl. Gedanken und Empfindungen erschaffen in uns zahlreiche angenehme, unangenehme oder neutrale Gefühle. Angenehme Gefühle wie Freude, Dankbarkeit und Friedlichkeit erhöhen meist die Achtsamkeit. Es fällt leicht, in aufregenden oder glücklichen Momenten gegenwärtig zu sein. Unangenehme Gefühle wie Ärger oder Traurigkeit werden häufig vermieden. Neutrale Gefühle sind typisch für Langeweile oder dafür, daß wir nichts Angenehmes oder Unangenehmes erfahren. Nehmen Sie wahr, was Sie in diesem Augenblick fühlen. Sind Ihre Gefühle angenehm, unangenehm oder neutral? Welches bestimmte Gefühl empfinden Sie? Nehmen Sie wahr und bezeichnen Sie, was Sie in diesem Augenblick fühlen, durchleben Sie die Empfindung vollständig, und kehren Sie zu Ihrem Atem zurück.

Körpererfahrungen. Jeder Augenblick, der bewußt gelebt wird, gibt Ihnen Informationen über die Veränderungen, die in Ihrem Körper vor sich gehen. Nehmen Sie einen Augenblick lang wahr, wie sich Ihre Atmung verändert. Erkennen Sie unbehagliche oder schmerzhafte Stellen, die sich meist in Muskelverspannungen äußern. Nehmen Sie die unterschiedlichen Temperaturen von Wärme zu Kühle an den verschiedenen Körperteilen wahr. Was erfahren Sie in diesem Moment in Ihrem Körper? Nehmen Sie wahr und benennen Sie, was Sie in diesem Augenblick erfahren (bezeichnen Sie zum Beispiel Verspannung im Nacken und in den Schultern als »Spannung«), erleben Sie die Empfindung vollständig, und kehren Sie zu Ihrem Atem zurück.
Sowie Sie sich nach und nach Ihrer Gedanken, Gefühle, Empfindungen und Körpererfahrungen bewußter werden, kommen Sie buchstäblich »zur Besinnung« und erhöhen Ihre Fähigkeit zur Achtsamkeit.
So einfach und schön dieser Vorgang auch sein mag, so erfordert Achtsamkeit doch Zeit für tägliches Üben. Beginnen Sie zunächst, sich wie beschrieben auf Ihre Atmung zu konzentrieren. Denken Sie während der täglichen Übungssitzungen daran, daß Ihre Ab-

sicht darin besteht, sich auf den Atem zu konzentrieren. Schließlich können Sie lernen, Achtsamkeit in fast jedem Augenblick Ihres Lebens anzuwenden. Um Achtsamkeit im täglichen Leben zu üben und zu verstärken, denken Sie über folgende Schritte nach:

1. Was beabsichtigen Sie in diesem Augenblick?
(Verwenden Sie z. B. während Ihrer täglichen Praxis die Ausrichtung auf den Atem als Absicht. Auch Tätigkeiten wie einen Bericht zu Ende schreiben, mit einem Patienten oder Klienten sprechen, Ihrem Kind eine Gutenachtgeschichte vorlesen, können Sie sich als Ziel setzen.)
Warum bin ich hier? Zu Ihrer augenblicklichen Absicht zurückzukehren, gibt Ihrer Praxis ein Ziel.

2. Wenn Ihr Geist wandert, halten Sie inne und beobachten Sie: Wo ist mein Bewußtsein oder meine Aufmerksamkeit in diesem Augenblick?
Was denke ich? (an Vergangenheit oder Zukunft, Pläne, Sorgen)
Was fühle ich? (Angenehmes, Unangenehmes, Neutrales)
Was nehmen meine Sinne wahr? (Sehen, Hören, Schmecken, Riechen, Tasten)
Was empfinde ich in meinem Körper? (Spannung, Atem, Enge)

Bemerken Sie einfach, daß Sie denken, fühlen, Sinneserfahrungen machen oder was Sie außerdem in Ihrem Körper empfinden.

3. Bringen Sie Ihr Bewußtsein/Ihre Aufmerksamkeit zurück zum Augenblick und zu Ihrer Absicht, indem Sie einatmen und ausatmen.
Versuchen Sie nicht, Ihre Atmung zu verändern, sondern beobachten und erleben Sie nur das Ein und Aus Ihres Atems, und kehren Sie zu Ihrer augenblicklichen Absicht zurück.

4. Wiederholen Sie diese Schritte, sooft es nötig ist, Sie zum Augenblick zurückzubringen.

Täglich einen ruhigen Platz und eine passende Zeit für die Praxis zu finden hilft Ihnen, diese Schritte durchzuführen, die langsam auf alle Tätigkeiten, Erfahrungen und Begegnungen ausgeweitet werden können. Das Leben ist voll von Ablenkungen. Beim Achtsamwerden lernen Sie einfach, Ihrer Gedanken, Sinneserfahrungen, Gefühle und Erfahrungen gewahr zu sein und dann zum gegenwärtigen Augenblick zurückzukehren. Es geht ganz darum, zurückzukommen, zurückzukehren ins *Jetzt.*

Betrachtungen

Wenn Achtsamkeit bedeutet, das Bewußtsein für die gegenwärtige Wirklichkeit lebendig zu halten, dann muß man sie genau jetzt im täglichen Leben praktizieren, nicht nur während der Meditationssitzungen.

THICH NHAT HANH

Achtsamkeit bedeutet, mit der Aufmerksamkeit in jedem Augenblick in Richtung der Absichten zu zielen. Es heißt Achtsamkeit, weil Sie Ihre Absichten nicht vergessen dürfen, während Sie auf Ihre Aufmerksamkeit achten. Wenn Sie dann bemerken, daß Ihre Zielrichtung von Ihren Absichten abgewichen ist, richten Sie sie in Ruhe wieder aus.

FRANK ANDREWS

Es ist gut, ein Ziel für die Reise zu haben;
Aber es ist die Reise, die am Ende zählt.

URSULA K. LEGUIN

- ◆ Untersuchen Sie, auf welche Weise Achtsamkeit Ihnen helfen kann, Sie und Ihre Beziehungen zu heilen.

- ◆ In welchen Lebenslagen, sowohl privat als auch beruflich, könnten Sie die Praxis der Achtsamkeit in Ihrem Leben anwenden?

TEIL DREI
Anwendung der Achtsamkeit

Wenn Sie überhaupt darin Erfolg haben, diese Art gelöster Betrachtung zu entwickeln (das benötigt Zeit), werden Sie in der Lage sein, das Geschehen in Ihrem Geist und in Ihrem Körper mit derselben Unparteilichkeit zu betrachten, wie Sie das Treiben der Wolken am Himmel wahrnehmen würden, das Wasserrauschen eines Flusses, das Trommeln des Regens auf einem Dach oder jedes andere Objekt im Bereich Ihrer Wahrnehmung.

KEN WILBER

Leben ist voll von Leiden, aber auch voller Wunder wie dem blauen Himmel, dem Sonnenschein, den Augen eines Babys. Es genügt nicht, zu leiden. Wir müssen auch mit den Wundern des Lebens in Verbindung treten. Sie sind in uns und rings um uns herum, überall, jederzeit.

THICH NHAT HANH

Blicke nicht wütend in die Vergangenheit noch ängstlich in die Zukunft, schau dich jetzt bewußt um.

JAMES THURBER

In Teil drei werden Sie

♦   Streß bewältigen.

♦   den Geist zur Ruhe
    bringen.

♦   schwierige Gefühle
    umwandeln.

♦   Konzentration und
    Leistungsfähigkeit
    erhöhen.

♦   Beziehungen vertiefen.

♦   lernen, unvollendete
    Angelegenheiten zu
    beenden.

♦   die täglichen Aktivitä-
    ten achtsam erleben.

Streß bewältigen

Es gibt eine Geschichte über einen Bauern und seinen Sohn, die ihren kleinen Hof mit Hilfe eines einzigen Pferdes bearbeiteten. Eines Tages lief das Pferd davon, und alle Nachbarn sagten voller Anteilnahme: »So ein Pech!« Der Bauer entgegnete: »Pech, Glück?« Kurze Zeit später kehrte das Pferd mit vier wilden Stuten in seinen Stall zurück. »Welch erstaunliches Glück!« sagten da die Nachbarn. »Glück oder Pech, wer weiß das schon?« antwortete der Bauer. Einige Wochen später stürzte der Sohn, als er eines der wilden Pferde abrichtete, und brach ein Bein. »Pech oder Glück?« sagte sein Vater. Kurz darauf kam das Militär, um alle gesunden jungen Männer einzuziehen. Da der Sohn des Bauern ein gebrochenes Bein hatte, taugte er nicht für den Dienst. »Pech oder Glück?« Es kommt darauf an, wie Sie Ihre Erfahrung deuten!

Streß ist eine normale psychische/physiologische Reaktion auf Ereignisse in unserem Leben. Diese Reaktion ist angeboren und dient häufig der Selbsterhaltung. Umgekehrt ist Unzufriedenheit oft das Ergebnis unserer *Deutung* der Ereignisse. Epiktet, ein römischer Philosoph des 1. Jahrhunderts, verdeutlicht dies, wenn er sagt: »Der Mensch wird nicht durch die Ereignisse selbst verstört, sondern durch die Haltung, die er ihnen gegenüber einnimmt.« So kann jedes Ereignis in unserem Leben als Streß, Unzufriedenheit oder Leid bezeichnet werden, je nach unserer Interpretation oder, noch treffender, unseres Urteils über das spezielle Ereignis.

»Wenn wir unserer Unzufriedenheit oder unseren Sorgen einfach zusehen können, erweisen wir uns dadurch als ›sorg-los‹, frei von dem beobachteten Aufruhr«, so der Psychologe Ken Wilber. Untersuchen wir diesen Prozeß vorurteilsfrei, wecken wir unser Verständnis dafür, wie sowohl Achtsamkeit als auch das Kennenlernen des »inneren Zuschauers« helfen können, die latente negative psychische und physische Belastung der Ereignisse unseres Lebens zu verringern.

Leid beginnt mit einem einfachen Gedanken, der Jahre später zu einer unvollendeten Angelegenheit geworden sein kann, die unser Potential, Frieden, Freude und Glück zu erfahren, einschränkt. Leid entwickelt sich im wesentlichen folgendermaßen:

1. Gewahrsein/Bewußtsein tritt ein, wenn Sie als Reaktion auf eine Erinnerung oder den direkten Kontakt mit einem Objekt, einer Person, einer Tätigkeit und/oder der Umgebung sehen, hören, riechen, schmecken, erfahren und/oder denken.
Beispiel: Während Sie sich an der Gartenarbeit freuen, erinnern Sie sich an ein Arbeitsprojekt.

2. Daraufhin entstehen angenehme, unangenehme und/oder neutrale Gefühle.
Beispiel: Der Gedanke an das Vorhaben ist unangenehm.

3. Vorstellungen und Gedanken stellen sich ein. Zumeist handelt es sich dabei um Bewertungen oder Urteile.
Beispiel: Dieses Projekt ist unangenehm, schwierig, und Sie denken, Sie sollten ihm mehr Zeit widmen, jetzt, anstatt zu gärtnern.

4. Übertriebenes Grübeln folgt oft auf ein Urteil oder eine Bewertung. Diese Art des Denkens wurzelt meist in *Bedürfnissen, Wünschen*, unserem *Konzept von uns selbst* bzw. der *Wahrnehmung unseres Selbst* und den *Ansichten* und *Meinungen* (Mustern), die wir mit einer Denk-, Handlungs- oder Lebensweise verbinden.
Beispiel: Sie denken »Was stimmt mit mir nicht? Warum fällt mir dieses Projekt so schwer und Joe nicht? Ich sollte mich nicht bei

der Gartenarbeit amüsieren, wenn es wichtigere Dinge zu tun gibt.«

5. Das übertriebene und/oder bohrende Denken geht weiter.
Jetzt konzentrieren Sie sich auf das Problem, werden von ihm »gefangen«, und dies verursacht häufig Leid, weil Sie mit der Erfahrung weiterhin die verschiedensten urteilenden Gedanken, Gefühle und Körperempfindungen verbinden. Dies wird üblicherweise durch zahlreiche »sollte« und »müßte« noch verstärkt!
Beispiel: Sie beschäftigen sich während des ganzen Wochenendes mit dem Problem. Sie machen sich ununterbrochen Sorgen, schlafen schlecht und fühlen sich mies. Durch die übertriebene Grübelei sind Sie sowohl geistig als auch körperlich angegriffen.

Die Untersuchung dieses Musters hilft uns zu verstehen, wie ein einfacher Gedanke Sorgen und Leid verursachen kann. Wenn Sie lernen, achtsam zu werden oder diesem Ablauf einfach zuzusehen, während er sich entwickelt, kann dies wirksam potentiell bedrängende Situationen verändern. Wenn Sie zum Beispiel in dem Moment achtsam werden, in dem ein unangenehmer Gedanke aufsteigt (z. B. das Arbeitsprojekt), können Sie den Gedanken einfach zur Kenntnis nehmen und/oder betrachten (»Hm..., ein Gedanke an die Arbeit.«), bevor Sie ins Grübeln geraten oder Urteile ins Zentrum Ihrer Aufmerksamkeit rücken. Indem Sie die Praxis der Achtsamkeit in jeder aufreibenden Situation anwenden, lernen Sie *zuzuschauen*, anstatt zu reagieren.
Vor einigen Jahren hatte ich mit meiner Frau einen zehntägigen Urlaub auf der Garteninsel Kauai von Hawaii geplant. Monatelang lasen wir Prospekte, berieten uns mit Reisebüros und Freunden, die dort schon Urlaub gemacht hatten. Wir sprachen täglich über unsere Reise – Zeit für Strandspaziergänge und Golf, zum Schnorcheln und Wale beobachten. Bald war der große Tag da, und wir flogen ins sonnige Hawaii. Bei unserer Ankunft wurden wir von sturzflutartigem Regen begrüßt; wir nahmen an, er würde vor-

übergehen. Der Regen hielt jedoch Tag für Tag an, und unsere Stimmung trübte sich. All die Dinge, die wir monatelang geplant hatten, wurden Tag für Tag gestrichen, während es weiter stürmte. Das Modell, das wir im Geist von unserer Reise nach Hawaii entworfen hatten, sollte nicht Wirklichkeit werden. Weil wir so mit dem beschäftigt waren, was wir erleben wollten, versäumten wir, die Insel im Regen tatsächlich zu erleben und, so befürchte ich, wir versäumten auch viele wunderbare, entspannende Augenblicke. Wir erkannten, daß unsere Vorstellungen und Erwartungen uns unnötig unter Druck setzten. Lernen wir, wirklich nur zuzuschauen und nicht an Bedürfnissen, Wünschen, Ansichten und Meinungen festzuhalten, werden wir frei zu wählen und können neue, aufregende Erfahrungen machen.

Möglicherweise kennen Sie Berichte von Menschen mit Nahtod- oder außerkörperlichen Erfahrungen. Diese Menschen betrachten ihr Trauma und die damit verbundenen Wiederbelebungsversuche häufig aus einem ungewöhnlichen, einzigartigen Blickwinkel, ohne sich mit dem Ereignis zu identifizieren. Sie brauchen kein Nahtod- oder außerkörperliches Erlebnis, um ebenfalls Zuschauer der Ereignisse in Ihrem Leben zu werden!

Betrachtungen

Schmerz ist unvermeidbar, Leiden ist selbst-
gewählt.

ANONYM

Angesichts des Leidens hat man nicht das Recht,
sich abzuwenden und wegzusehen.

ELIE WIESEL

Daher verewigt der Versuch, einem Leid zu ent-
gehen, dieses Leid letzten Endes nur. Das Bestür-
zende ist nicht das Leid selbst, sondern unsere
Bindung an dieses Leid. Wir identifizieren uns mit
ihm, und das allein ist das wirkliche Problem.

KEN WILBER

◆ Beginnen Sie das Ein und Aus Ihres Atems zu
beobachten, wenn Sie sich in einer aufreibenden
Situation befinden. Halten Sie inne und nehmen
Sie wahr: Wo ist mein Gewahrsein oder meine
Aufmerksamkeit in diesem Augenblick? Beobachten und benennen Sie Ihre Gedanken, Gefühle,
Sinneswahrnehmungen und Körpererfahrungen.
Führen Sie Ihr Bewußtsein oder Ihre Aufmerksamkeit durch Ein- und Ausatmen zum gegenwärtigen
Augenblick zurück. Wesentlich ist, zu beobachten,
was das Leid verursacht. Indem Sie einfach zum
unbeteiligten Beobachter werden, abgesondert und
ungebunden, erkennen Sie bald, daß Leid durch
Gedanken, Gefühle, Sinnes- oder Körpererfahrungen verursacht wird. Lernen Sie, nur Zeuge zu
sein, und beginnen Sie, sich selbst als einen
äußeren Beobachter zu sehen. Wenn Sie zum
Beispiel das nächste Mal Kopfschmerzen haben,
versuchen Sie sie unbeteiligt zu beobachten und
sich so nicht nur vom Schmerz zu lösen, sondern
vielleicht auch von seiner Ursache.

◆ Untersuchen Sie Situationen in Ihrem Leben,
die Sie nicht ändern können. Offensichtlich ist
es schwierig, andere Menschen zu verändern. Wie
können Sie lernen, Situationen, die Sie nicht
ändern können, zu beobachten, anstatt auf sie
zu reagieren?

Den Geist zur Ruhe bringen

Viele Menschen fühlen sich unwohl, wenn es still ist. Es scheint ihnen besser zu gehen, wenn der Fernseher eingeschaltet ist, das Radio läuft oder wenn sie mit irgend etwas beschäftigt sind. Ich frage diese Menschen oft: »Womit bringen Sie Ihren Geist zur Ruhe?« Sie geben die verschiedensten Antworten, üblicherweise einschließlich solcher Aktivitäten wie Musik, Sport, Filme ansehen und lesen – alles Tätigkeiten, die angenehm und entspannend sein können und *ebenso* eine Form der Ablenkung oder Zerstreuung darstellen. Manchmal stopfen wir unsere Zeit mit Aktivitäten voll, um nicht zu erfahren, was in unserem Leben wirklich los ist. Ich habe immer empfunden, daß für mich die wirkungsvollste Form der Therapie die Teilnahme an einer Meditationsklausur ist. Nach mehreren Tagen der Stille während dieser Klausuren entdecke ich immer Dinge über mich, die ich nie zuvor wahrgenommen habe. Es ist völlig normal, daß Menschen während langer Zeiten des Schweigens anfangen zu weinen, weil sie mit Problemen aus der Vergangenheit konfrontiert werden, die ihre Fähigkeit, gegenwärtig zu sein, überschatten. Zwei der wichtigsten Ursachen für Streß sind der Geist und die Art und Weise, wie wir jede Situation in unserem Leben interpretieren. Unser Körper reagiert physiologisch auf unsere Gedanken (über die Vergangenheit oder die Zukunft), an denen wir festhalten oder die sich aus zu vielem Grübeln ergeben. Die meisten Menschen werden von solchen Gedanken zur Schlafenszeit oder mitten in der Nacht gequält. Schlaflosigkeit ist ein verbreitetes Übel und wird häufig durch Grübelei und die Beschäftigung mit der Vergangenheit oder der Zukunft verschlimmert.

Es ist schwierig, in der Gegenwart zu leben, wenn man eine Menge auf dem Herzen hat. Den meisten Streß verursachen Gedanken über die Vergangenheit oder die Sorge um die Zukunft. Wie viele Male waren Sie ganz von den möglicherweise verheerenden Folgen irgendeines Ereignisses in der Zukunft ganz in Anspruch genommen, um dann, als es endlich soweit war, festzustellen, daß der größte Teil Ihrer Sorgen nichtig war?

Zweifellos ist es wichtig, Pläne für die Zukunft zu machen, aber man sollte nicht von ihnen besessen sein. Es entspricht dem menschlichen Wesen, beim Planen alle möglichen negativen Konsequenzen zu erwägen oder gar mit dem Schlimmsten zu rechnen. Nach Ansicht der kognitiven Therapie tendiert unser Geist jedoch dazu, Verzerrungen zu erzeugen, die als verzerrte Wahrnehmung oder verqueres Denken bezeichnet werden. All diese Verzerrungen und die Beschäftigung mit der Vergangenheit oder der Zukunft führen dazu, außerhalb des gegenwärtigen Augenblicks zu leben. Aber noch bedeutsamer ist, daß diese Gedanken die Grundlage von Anspannung und Angst werden. Lernen wir, unseren Geist zur Ruhe zu bringen, ermöglicht uns dies, achtsamer und offener für die Schönheit zu werden, die uns umgibt.

Es gibt viele Techniken, den Geist zur Ruhe zu bringen. Die meisten verwenden die Konzentration auf ein Wort, einen Satz, einen Klang oder ein Objekt wie eine Kerzenflamme als Hilfe zur Sammlung und Konzentration. Die folgende Technik zur Beruhigung des Geistes ähnelt der grundlegenden Achtsamkeitsübung, sie betont allerdings die Benennung der *Gedanken*. Diese Strategie kann allen helfen, die schwer einschlafen können, aber auch, wenn sich bestimmte Gedanken in uns verselbständigen.

Den Geist zur Ruhe bringen: grundlegende Übung

Da das Gefühl des Leids meist mit der Besessenheit von Gedanken verbunden ist, üben Sie zunächst, diese Gedanken zu beobachten und sie dann loszulassen.

1. Beginnen Sie damit, sich auf Ihren Atem an den Nasenlöchern oder beim Heben und Senken des Bauches zu konzentrieren. Halten Sie Ihre Aufmerksamkeit beim Atem.

2. Natürlich werden Gedanken in Ihr Bewußtsein treten. Benutzen Sie Ihre Gedanken als Objekt zur Entspannung oder Meditation. Nehmen Sie sie einfach wahr, und stellen Sie das allgemeine Wesen Ihres Denkens fest, oder benennen Sie den Gedanken zum Beispiel als Hunger, Schmerz, Müdigkeit oder Sex.

3. Bringen Sie Ihre Aufmerksamkeit zurück zum Atem. Durch einfaches Gewahrsein des Gedankens verliert er an Macht. Widerstehen Sie dem Gedanken nicht, denn Widerstand bedeutet Verharren. Druck und Spannung entwickeln sich, wenn wir uns mit bestimmten Gedanken immer mehr beschäftigen.

Wenn der Geist ruhig ist, ist der Körper ruhig. Ist der Körper ruhig, ist es auch der Geist. Den Geist zur Ruhe zu bringen ist eine der grundlegendsten Methoden, entspannt und friedlich zu sein.

Betrachtungen

Wenn wir uns um die Zukunft sorgen, ist das so,
als versuchten wir, das Loch in einem Gebäck-
kringel zu essen. Wir kauen auf etwas herum,
das nicht da ist.

BARRY NEIL KAUFMAN

Es ist eine Sache, Dinge zu erlangen, die es
wert sind, sie zu besitzen. Etwas anderes ist es,
dem Sein wertvolle Eigenschaften hinzuzufügen;
dies erfordert normalerweise lange Zeiten der
Einsamkeit.

MEYER FRIEDMAN UND RAY ROSENMAN

Das Problem mit Archie ist, daß er nicht weiß, wie
man sich ärgert, ohne sich aufzuregen.

EDITH BUNKER (ÜBER IHREN
KOMÖDIEN-EHEMANN ARCHIE BUNKER)

Die Tatsache, daß der Geist über den Körper
herrscht, ist, obwohl dies seitens der Biologie und
Medizin mißachtet wird, die grundlegendste Tat-
sache, die wir über den Lebensprozeß kennen.

FRANZ ALEXANDER

Der Mensch wird nicht durch Dinge beunruhigt,
sondern durch seine Meinung über Dinge.

EPIKTET

◆ Können Sie Situationen erkennen, in
denen Sie die Technik »den Geist zur
Ruhe bringen« anwenden können? Mir
hat sie zum Beispiel mehrmals geholfen,
als ich dieses Buch geschrieben habe.
Ich entdeckte, daß mich Gedanken an
die Abgabe des Manuskriptes beim Verlag davon abhielten, einen bestimmten
Punkt zu klären oder beim Thema des
jeweiligen Kapitels zu bleiben. Indem
ich mir einen Augenblick Zeit nahm,
um meinen Gedanken zu benennen
(»Denken an Eile«), und dann atmete,
konnte ich mich schnell wieder der
eigentlichen Aufgabe zuwenden.

◆ Nehmen Sie sich Zeit, mit einem »Anfängergeist« das Wesen Ihrer Gedanken
zu erforschen. Stellen Sie den Anfang
und das Ende jedes Gedankens fest, erkennen Sie, welcher Art Ihre Gedanken
sind, und nehmen Sie wahr, wie Gedanken nur Gedanken sind.

Gefühle umwandeln

Streß wird häufig erzeugt, wenn wir mit Gedanken und Gefühlen beschäftigt sind. Insbesondere Gefühle können einen tückischen Kreislauf der Gedanken verursachen, der zu angenehmen, unangenehmen und neutralen Zuständen führt. Es gibt viele Methoden wie zum Beispiel Bewegung oder Gespräche mit anderen, um Gefühle zu bewältigen. Aber auch Achtsamkeit kann uns dabei helfen, mit Gefühlen umzugehen oder sie umzuwandeln.

Gefühle umwandeln: grundlegende Übung

Um ein Gefühl umzuwandeln, beginnen Sie mit achtsamer Atmung. Konzentrieren Sie sich auf Ihren Atem an der Öffnung der Nasenlöcher oder im Bauch. Halten Sie Ihre Aufmerksamkeit auf dem ein- und ausströmenden Atem. Natürlich werden Gedanken auftauchen, die möglicherweise zu einem Gefühl wie Ärger führen. Nehmen Sie es einfach wahr, und bringen Sie dann Ihre Aufmerksamkeit zurück zum Atem. Durch schlichtes Gewahren verliert es bereits an Macht, denn in diesem Augenblick nehmen Sie das Gefühl an. Leisten Sie keinen Widerstand. Machen Sie es sich zu eigen. Nehmen Sie sich des Ärgers an, und werden Sie eins mit ihm. Während Sie einatmen und ausatmen, beobachten und untersuchen Sie den Ärger. Beginnen Sie, den Ärger durch Ihr achtsames Atmen und das wiederholte Aufsagen von Versen zu besänftigen, zum Beispiel mit diesem Satz aus dem Plum-Village-Meditationszentrum:

Das Gefühl des Ärgers in mir erfahrend, atme ich
ein. Über das Gefühl des Ärgers in mir lächelnd,
atme ich aus.

Noch besser ist es, wenn Sie sich selbst kurze Sätze ausdenken und sie mit jedem Atemzyklus verbinden. Hier ein paar Beispiele:

Einatmend erkenne ich meinen Ärger.
Ausatmend ist mir bewußt, wie ärgerlich ich bin.
Einatmend sehe ich, wie mich der Ärger
überwältigt.
Ausatmend erkenne ich, daß der Ärger meinen
ganzen Körper in Mitleidenschaft zieht.

Durch fortgesetztes Gewahrsein und ein Gefühl der Ruhe werden Sie entdecken, daß es einfacher wird, die Intensität des Ärgers zu verändern, ihn nach und nach freizugeben und loszulassen.

Viele Male habe ich Gehen als Methode benutzt, ein Gefühl zu erkennen und es zu verändern. Wenden Sie einfach beim Gehen dieselben Verse an. Bringen Sie Ihre Schritte mit dem Satz »Einatmend und gehend erlebe ich meinen Ärger. Ausatmend und gehend fühle ich, wie mich der Ärger überwältigt« in Einklang. Dabei ist es wichtig, die Sätze persönlich zu gestalten, so daß Sie das Gefühl tatsächlich erleben, anstatt ihm zu widerstehen. Nach einem kurzen Spaziergang stelle ich fest, daß das Gefühl seine Intensität verloren hat und ich mich sowohl emotional *als auch* körperlich erfrischt fühle.

Wenn das Gefühl nicht so stark ist, nehmen Sie es einfach wahr und kehren dann mit Ihrer Aufmerksamkeit zum Atem zurück. Durch Ihr Gewahrsein wird sich die Intensität des Gefühls in der gleichen Weise verändern, wie sich die Natur ständig ändert.

Betrachtungen

Du kannst Schönheit nur mit einem heiteren
Geist erfassen.

HENRY DAVID THOREAU

Ich zeige meinen Ärger nicht.
Ich bekomme statt dessen ein Magengeschwür.

WOODY ALLEN

Der einzige Weg hinaus führt hindurch.

ROBERT FROST

Um wirkliche Veränderung zu erreichen, müssen
wir uns mit den Wurzeln unserer Wut befassen.
Tun wir das nicht, werden die Samen unserer
Wut wieder wachsen.

THICH NHAT HANH

◆ Denken Sie an ein Gefühl, mit dem Sie normalerweise Schwierigkeiten haben; dann geben Sie sich etwas Zeit, um die grundlegende Technik zur Umwandlung von Gefühlen zu üben, die in diesem Kapitel beschrieben wird. Nachdem Sie die Sitzung beendet haben, nehmen Sie sich etwas Zeit, um über Ihre Erfahrungen zu schreiben. Schreiben Sie auf, wie Sie sich in diesem Augenblick fühlen.

◆ Auf welche Weise setzen Sie Ihren aufsteigenden Gefühlen Widerstand entgegen? Geschäftigkeit, fernsehen oder Radio hören sind einige Beispiele.

Konzentration und Leistungsfähigkeit erhöhen

Als ein Mensch, der immer in Eile ist, weil er versucht, alles zu kontrollieren, habe ich ständig darum gekämpft, konzentriert bei einer Sache zu bleiben. Mein unbewußter Wunsch zur Eile mit der gleichzeitigen Neigung zu denken »das kann warten« hat mir nicht sehr geholfen: Ich beeilte mich noch mehr und verbrachte so mehr Zeit als nötig mit persönlichen und beruflichen Aufgaben und Projekten. Als ich begann, Achtsamkeit zu üben, stellte ich zu meiner Überraschung fest, daß ich mich länger auf eine Sache konzentrieren konnte, und nach und nach arbeitete ich effektiver und erfolgreicher.

Sie werden sich besser konzentrieren können, wenn Sie die Praxis der Achtsamkeit erlernen und Ihre Atmung bewußt wahrnehmen. Die Fähigkeit erfahrener Meditierender, lange Zeit konzentriert zu bleiben, konnte durch viele Untersuchungen bestätigt werden. Wenn Sie Achtsamkeit üben, werden Sie feststellen, daß Sie meist durch ständige Gedanken, Gefühle und Empfindungen abgelenkt werden. Bald lernen Sie, sich der Ablenkungen schnell bewußt zu werden und sie einfach nur zur Kenntnis zu nehmen. Während ich zum Beispiel an diesem Buch schrieb, wurde ich oft von Gedanken und Gefühlen abgelenkt wie »mach eine Pause« oder »ich habe keine Lust, das jetzt zu machen«. Offensichtlich brächte ich nur wenig zustande, wenn ich auf jede Ablenkung reagieren würde.

Zusätzlich zu Ihrer laufenden Praxis ist die Anwendung der grundlegenden Achtsamkeitsübung auf Arbeitsvorhaben eine wirkungsvolle Methode, Ihre Leistungsfähigkeit zu steigern. Erinnern Sie sich:

1. Schritt: Was ist in diesem Augenblick meine Absicht?
Beispiel: Die Notiz mit der Ankündigung des morgigen Treffens fertigzustellen

2. Schritt: Wenn Ihr Geist wandert, halten Sie inne und beobachten Sie: Was denke, fühle, empfinde oder erfahre ich?
Beispiel: Während ich die Notiz fertigschreibe, erinnere ich mich daran, wie ich im Stoßverkehr nach Hause fahre.

3. Schritt: Nehmen Sie Ihren Gedanken einfach zur Kenntnis, atmen Sie und lenken Sie Ihre Aufmerksamkeit zurück auf Ihr Vorhaben.
Beispiel: Anstatt mich mit dem Verkehr zu beschäftigen, nehme ich einfach meine Gedanken über den Verkehr zur Kenntnis und benutze meinen Atem als Erinnerung daran, die Notiz zu Ende zu schreiben.

Hier noch weitere Strategien zur Steigerung Ihrer Leistungsfähigkeit und Konzentration:

1. Machen Sie sich klar, was Sie mit der bevorstehenden Arbeit beabsichtigen, und/oder setzen Sie sich ein Ziel.

2. Veranschlagen Sie eine bestimmte Zeit für jedes Vorhaben. Das Wissen darüber, wieviel Zeit Ihnen jeweils zur Verfügung steht, wird Ihre Arbeit zusätzlich strukturieren. Häufig bleibe ich eher konzentriert und stelle die Arbeit in der festgesetzten Zeit fertig, wenn ich weiß, daß mir nur eine halbe Stunde zur Verfügung steht, um eine Aufgabe zu erfüllen.

3. Beginnen Sie Aufgaben, die Sie auch zu Ende bringen können. Das hilft nicht nur dabei, konzentriert zu bleiben, es bietet auch den Lohn, der schon an sich in einer abgeschlossenen Arbeit liegt. Wenn das Vorhaben viele Aspekte hat, teilen Sie es

in mehrere kleine Ziele auf, und beenden Sie jedes in der festgesetzten Zeit.

4. Nehmen Sie sich immer wieder Zeit, sich selbst oder den anderen, die mit Ihnen an einem Projekt arbeiten, Rückmeldungen zu geben. Sehen Sie sich den Baum an, den Sie beschnitten haben, oder die Notiz, die Sie gerade geschrieben haben, und bewundern und bestätigen Sie sich dafür, die Aufgabe beendet zu haben. Wenn Sie mit anderen zusammenarbeiten, denken Sie auch an deren Bedürfnis nach Feedback.

Betrachtungen

*Wenn Sie jedem Augenblick Beachtung schenken,
entwickeln Sie eine neue Beziehung zur Zeit. Auf
irgendeine magische Weise werden Sie effizienter,
leistungsfähiger und tatkräftiger, wenn Sie lang-
samer werden; Sie konzentrieren sich ohne Ablenkung direkt auf die Aufgabe vor Ihnen. Sie
vertiefen sich nicht nur in diesen Augenblick,
Sie werden zu diesem Augenblick.*

MICHAEL RAY

*Der erste Meilenstein der Konzentration ist
erreicht, wenn der Geist des Meditierenden weder
von äußeren Ablenkungen wie nahen Geräuschen
beeinträchtigt wird noch vom Aufruhr seiner
eigenen unterschiedlichen Gedanken und Gefühle.*

DANIEL GOLEMAN

◆ Erstellen Sie eine Liste der wichtigsten Tätigkeiten, die Sie täglich erfüllen müssen, um erfolgreich zu sein. Jetzt stellen Sie sich vor, wie Sie achtsam sind, während Sie jede dieser Aufgaben bearbeiten. Schließen Sie die Augen und sehen Sie, wie Sie in den Zustand der Achtsamkeit eintreten, während Sie die wichtigsten Vorhaben in Angriff nehmen und beenden.

◆ Lernen Sie, Ihre Arbeit oder Tätigkeiten einzugrenzen. Wenn Sie an etwas arbeiten müssen, stellen Sie eine Uhr auf dreißig Minuten und konzentrieren Sie sich ausschließlich auf diese Tätigkeit. Wenn Sie abgelenkt werden, nehmen Sie die Ablenkung zur Kenntnis und konzentrieren sich weiter auf die bevorstehende Aufgabe.

Beziehungen vertiefen

George Bernard Shaw sagte einmal: »Mein Schneider ist der klügste Mensch von allen, die mich besuchen. Er nimmt jedesmal neu Maß.« Wie begegnen Sie den Menschen, die Sie kennen? Sind Sie wie der Schneider, der jeden so betrachtet, als sähe er ihn zum ersten Mal? Oder nehmen Sie sie als selbstverständlich hin, weil Sie bereits Erfahrungen mit ihnen gemacht haben und wissen, woran Sie sind? Bedenken Sie jemals, daß Sie sich seit der letzten Begegnung verändert haben oder gewachsen sein könnten? Wie oft sind Sie bei anderen wirklich anwesend?

Einer meiner Seminarteilnehmer erzählte folgende Geschichte über Kinder und Gegenwärtigsein. Er paßte auf seine Enkelin auf, und nachdem er einige Spiele mit ihr gespielt hatte, beschloß er, eine Pause einzulegen und bei laufendem Fernseher Zeitung zu lesen. Nach einigen Minuten, in denen ihre Fragen an den Großvater unbeantwortet blieben, nahm sie seine Zeitung und schüttelte sie und sagte dabei: »Opa, schau mich mit den Augen an.« Kinder wissen wirklich, wenn wir nicht *bei* ihnen sind!

Sowohl in persönlicher als auch beruflicher Hinsicht ist das größte Geschenk, das wir einander machen können, unsere Präsenz. In meiner Zusammenarbeit mit Menschen, die eine Pflegetätigkeit ausüben, habe ich erkannt, daß wirkliche Gegenwart eine der wirkungsvollsten Voraussetzungen für die Beschleunigung von Heilung und Veränderung ist. Carl Rogers, der Vater der humanistischen Psychologie, war für seine emotionale Präsenz und Offenheit bekannt. Patienten und Kollegen bemerkten häufig, daß sie von seinen Augen wirklich wahrgenommen wurden und daß seine Ohren ihre Worte vollständig aufnahmen. Denke ich an die Menschen, mit denen ich gern zusammen bin, erkenne ich, daß die Eigenschaft, die ich an ihnen am meisten bewundere, ihre Aufmerksamkeit ist beziehungsweise ihre Bereitschaft, mir zu vermitteln, daß in diesem Augenblick niemand anderes wichtiger ist als ich.

Lernen wir, einem anderen Menschen zuzuhören, ist dies die beste Methode, gegenwärtiger zu sein. Chögyam Trungpa unterscheidet drei Arten des Zuhörens, die eine bedeutungsvolle Beziehung häufig verhindern. Bei der ersten Art des Zuhörens wandert der Geist so sehr, daß überhaupt kein Raum für das bleibt, was gesagt wird – man ist nur körperlich anwesend. Bei der zweiten Art bezieht sich der Geist irgendwie auf das Gesagte, wandert aber im Grunde immer noch. Bei der dritten Art ist der Geist voll von Emotionen wie Urteil, Negativität und Groll. Das Gesagte löst wirre Gefühle aus, und man ist unfähig, den anderen wirklich zu *hören*. Erkennen Sie sich in diesen Beispielen wieder? Wollen wir lernen, für einen anderen Menschen gegenwärtig zu sein, müssen wir die Fähigkeit entwickeln, Gedanken loszulassen, die eine wirkliche Intimität verhindern. Darüber hinaus müssen wir, um Zuhören zu lernen, die grundlegenden Achtsamkeitsübungen, wie sie oben in diesem Buch besprochen wurden, unaufhörlich anwenden. Erinnern Sie sich:

1. Schritt: Meine Absicht besteht in diesem Augenblick darin, bei diesem Menschen zu sein. Ich behandle ihn als Ursprung meiner Meditation, das heißt, ich »widme« mich ihm oder ihr.

2. Schritt: Wenn ich von der Gegenwart abgelenkt werde, nehme ich die Ablenkung als Denken, Gefühl, Empfindung oder Erfahrung zur Kenntnis.

3. Schritt: Ich werde mir meiner Atmung bewußt und wende meine Aufmerksamkeit wieder meinem Gegenüber zu.

Wiederholen Sie diese Schritte, wann immer Sie abgelenkt sind. Der wichtigste Mensch ist für Sie jetzt derjenige, bei dem Sie sind. Durch die ständige Anwendung dieser Technik werden wir dahin geführt, dem jeweiligen Menschen das schönste Geschenk, das wir besitzen – unser ganzes Selbst –, zu machen.

Wenn ich auf frühere Zeiten in meinem Leben zurückblicke, entsinne ich mich jetzt schmerzhaft vieler Momente, in denen ich körperlich anwesend, aber nicht wirklich da war. Als meine Kinder klein waren, war ich einer dieser Väter, der Seiten überblättert, wenn er seinem Sohn und seiner Tochter Gutenachtgeschichten vorliest. Immer bestrebt, zum nächsten Augenblick zu gelangen und die Kinder ins Bett zu bekommen, versäumte ich viele Gelegenheiten, wirklich für die da zu sein, die ich liebte. Als ich dies in meinen Workshops und Kursen erzählte, lachten viele der Teilnehmer, weil sie erkannten, daß auch sie wertvolle Zeit mit den in ihrem Leben wichtigen Menschen versäumten.
Liebe ist das Wesen und die Grundlage aller Beziehungen. Gesunde Beziehungen werden am besten gefördert, indem man eine starke Liebe und Mitgefühl für sich selbst an den Tag legt. Der Spruch »Liebe deinen Nächsten wie dich selbst« spricht von Gleichheit. Es ist schwierig, für andere zu sorgen, wenn wir nicht für uns selbst sorgen. Während einer Konferenz, an der ich unlängst teilnahm, dachte eine Krankenschwester darüber nach, welche Bedeutung die Sorge für sich selbst für ihre Arbeit habe. Ihr Lieblingsspruch war: »Ich kann für dich nichts tun, wenn ich nichts für mich tue.«
Eine Methode, Beziehungen zu verbessern, besteht darin, liebende Güte gegenüber sich selbst und anderen zu praktizieren. In dem Buch *Geborgen im Sein. Die Kraft der Mettā-Meditation* von Sharon Salzberg gibt es vier klassische Sätze der liebenden Güte:

> *»Möge ich frei sein von Gefahr.«*
> *»Möge ich geistiges Glück besitzen.«*
> *»Möge ich körperliches Glück besitzen.«*
> *»Möge ich die Leichtigkeit des Wohlergehens*
> *genießen.«*

Während Sie diese Sätze sprechen, richten Sie Ihr Bewußtsein auf den Atem und beginnen Sie mit der achtsamen Atmung. Bringen Sie die Sätze mit Ihren Atemzügen in Einklang, und stärken Sie sich mit diesen einfachen Aussagen. Nachdem Sie die Sätze kurze Zeit immer wieder aufgesagt haben, denken Sie an eine Beziehung, die Ihnen wichtig ist. Sehen Sie diesen Menschen vor Ihrem geistigen Auge, und sprechen Sie dieselben Sätze für sein Wohlergehen:

> *»Mögest du frei sein von Gefahr.«*
> *»Mögest du geistiges Glück besitzen.«*
> *»Mögest du körperliches Glück besitzen.«*
> *»Mögest du die Leichtigkeit des Wohlergehens*
> *genießen.«*

Sie können die Wohltat ihrer freundlichen Gedanken auf jeden Menschen übergehen lassen, den Sie aus der Vergangenheit oder in der Gegenwart kennen, und ganz besonders auf jene, mit denen Ihre Beziehung schmerzhaft war oder gegenwärtig sogar noch ist. Indem Sie diese Sätze wiederholen, lernen Sie, sich selbst zu heilen und Ihre Beziehungen zu anderen zu vertiefen.

Betrachtungen

Wenn wir uns treffen, ist jedes Mal das erste Mal,
denn jedesmal bist du anders und ich bin es auch.
Wir steigen nicht zweimal in denselben Fluß, sagte
Heraklit; dies ist sehr wahr, denn der Fluß fließt
ohne Ende und sein Wasser ist niemals dasselbe.

CARLOS VALLES

In Kontakt treten betrifft gleichzeitig zwei
Menschen und drei Teile.
Jede Person in Kontakt mit sich selbst und jede in
Kontakt mit dem anderen.

VIRGINIA SATIR

Um bei einem anderen Menschen wirklich gegen-
wärtig zu sein, muß ich herausfinden, was mich
interessiert, was mich von meiner geschäftigen
Innenwelt ablenkt, die von Geschwätz und Bildern
überflutet ist.

DON HANLON JOHNSON

♦ Wenn wir andere fragen: »Welche
Eigenschaften besitzen Menschen,
mit denen du gern zusammen
bist?«, führen sie oft Charakterzüge
und Eigenschaften an, die mit Achtsamkeit verbunden sind. Erstellen
Sie Ihre eigene Liste und entdecken
Sie für sich, daß Achtsamkeit häufig
die Eigenschaft ist, die wir an anderen am meisten schätzen.

♦ Denken Sie an die wichtigsten Menschen in Ihrem Leben. Nehmen Sie
sich vor, die Strategie der Achtsamkeit anzuwenden, wenn Sie das
nächste Mal mit ihnen zusammen-
treffen. Begegnen Sie ihnen, als
seien Sie ein Schneider, nehmen Sie
alles an ihnen auf neue, frische
Weise wahr. Handeln Sie so bei
jedem Menschen, den Sie treffen, sei
er vertraut oder unbekannt. Welche
typischen Ablenkungen halten Sie
davon ab, wirklich bei einem anderen Menschen zu sein? Nutzen Sie
jede Begegnung als Erinnerung zur
Achtsamkeit. Wie können Sie mehr
achtsame Augenblicke mit jenen erzeugen, die Sie lieben?

Unvollendete Angelegenheiten erledigen

Während Sie Ihren Geist immer mehr zur Ruhe bringen und achtsamer werden, werden Ihnen wahrscheinlich einige Ihrer unvollendeten Angelegenheiten zu Bewußtsein kommen. Darüber hinaus werden Ihre Bemühungen, ein achtsameres Leben zu führen, vielleicht durch diese unvollendete Angelegenheit behindert, die Dr. Elisabeth Kübler-Ross, Spezialistin für Tod und Sterben, definiert als »etwas, das in unserem Leben unvollständig ist und uns den Frieden raubt«. Unvollendete Angelegenheiten betreffen fast immer Beziehungen und Dinge, die gesagt wurden oder unausgesprochen blieben, getan oder unterlassen wurden. Dazu kommen auch Aufgaben, die nie erledigt, Reisen, die nie gemacht, und Träume und Ziele, die nicht erfüllt wurden. Ich werde mich immer an Don Willie, einen meiner Lieblingsprofessoren am College, erinnern. Professor Willie war ein Mensch, der an mich glaubte und mein Potential sah. Ich wollte mir immer Zeit nehmen, ihm für seine Anregung und Unterstützung zu danken. Aber meine Bereitschaft, dies zu tun, schien in arbeitsreichen Tagen, Karriere und Familienangelegenheiten unterzugehen. Monate wurden zu Jahren, und eines Tages las ich im Nachrichtenblatt der ehemaligen Studenten von seinem Tod. »Warum habe ich ihm nicht gedankt? Warum habe ich ihm keinen Brief geschrieben oder eine Karte geschickt?« »Wußte er, daß er in meinem Leben etwas Besonderes darstellte?« Dies ist ein Beispiel für nur eine unerledigte Angelegenheit. Sein Verlust wurde für mich zu einer wichtigen Mahnung daran, daß jetzt Zeit ist, anderen meine Gefühle zu zeigen. Sage *jetzt* Ich liebe dich. Schicke einer, die du liebst, *jetzt* Blumen. Würdige jemanden *jetzt*.

Vergib jemandem *jetzt*. Wenn Sie Ihre unvollendeten Angelegenheiten erledigen, können Sie sich von der Vergangenheit lösen und vollständiger im gegenwärtigen Augenblick leben. Was scheint Ihnen unvollendet, wenn Sie Ihr Leben, Ihre Ziele, Ihre Beziehungen betrachten? Welches »Gepäck« aus der Vergangenheit schleppen Sie Tag für Tag mit sich herum? Was raubt Ihnen ständig den Frieden?

Wir tragen im psychologischen Sinne alle Erfahrungen mit uns herum, bis wir sie zum Abschluß bringen. Wann immer unvollendete Angelegenheiten im Mittelpunkt unseres Daseins stehen, wird der Geist blockiert. Das Wesen dieser Angelegenheiten und wie wir mit ihnen umgehen sind entscheidend für ein erfüllteres Leben. Woran erkennen Sie, daß Sie unerledigte Angelegenheiten haben? Denken Sie über die folgenden Fragen nach:

♦ Beschäftigt Sie der Gedanke an eine Person oder ein Erlebnis der Vergangenheit?

♦ Weinen Sie schnell oder werden Sie schnell ärgerlich, wenn Sie an diese Person oder an dieses Erlebnis denken?

♦ Werden Ihre Gedanken häufig von »Wenn nur...« eingeleitet?

♦ Verwickeln Sie sich gefühlsmäßig in die Probleme anderer, wenn diese Ihren eigenen Problemen gleichen?

♦ Was schieben Sie in Ihrem Leben zur Zeit auf?

Manchmal ist es sinnvoll, in solchen Situationen den Tod als Ratgeber zu nutzen. Wenn Sie darüber nachdenken, wie Sie wohl eines Tages sterben werden, was würden Sie bereuen, am Ende Ihres Lebens unerledigt zurückzulassen?

Das Zusammenleben und der Austausch mit anderen in der Welt muß in unserem Leben zu angespannten Situationen führen. Wie schon gesagt, beruhen viele der Schwierigkeiten mit anderen auf unerledigten Angelegenheiten, die in verletzten Gefühlen und manchmal sogar noch ernsteren Problemen enden können. Thich Nhat Hanh hat eine Strategie entwickelt, durch die wir loslassen können, er hat sie »Von neuem beginnen« genannt. Er schlägt vor, daß sich Menschen, die zusammenleben, wöchentlich treffen, möglichst an einem Tag, an dem es wenige individuelle und familiäre Anforderungen gibt. Wählen Sie eine bestimmte Zeit und verlangen Sie, soweit es geht, daß alle Mitglieder des Haushalts anwesend sind. Schaffen Sie eine angenehme Umgebung, und lassen Sie wenn möglich alle in einem Kreis oder um den Tisch sitzen. Ein älteres Mitglied der Gruppe sollte das Treffen leiten, obwohl diese Aufgabe, je nach Alter der Teilnehmer, reihum übernommen werden kann. Folgende Richtlinien werden vorgeschlagen:

1. Nehmt euch einen Augenblick Zeit, euch zu erfrischen, indem ihr entspannt und über den Tag redet, und werdet durch ein paar tiefe, lange Atemzüge langsam friedlicher.

2. Reihum sagt jede Person der Gruppe jeder anderen Person im Kreis auf positive, fürsorgliche Weise etwas Anerkennendes. Die Person, die die Komplimente austeilt, hat das Wort, und die anderen sitzen nur da und genießen. (Unter den amerikanischen Ureinwohnern verwenden manche Gesellschaften einen »sprechenden Stock«, und nur die Person, die den Stock hält, darf sprechen.) Von den anderen Teilnehmern wird nur verlangt, zuzuhören und die positiven Dinge, die ihnen gesagt werden, ganz aufzunehmen.

3. Bringt als nächstes Bedauern über eure Fehler oder Verletzendes zum Ausdruck, das ihr einem anderen gesagt oder angetan habt. Verwendet »Ich«-Aussagen wie »*Ich* habe mich geärgert, als du neulich so spät nachts nach Hause gekommen bist. *Ich*

habe mir Sorgen um dich gemacht.« Vermeidet Beschuldigungen, Vorwürfe und in die Defensive drängen.

4. Räumt genügend Zeit ein, damit jeder seine Anerkennung, individuellen Unzulänglichkeiten und Groll oder Schwierigkeiten mit anderen mitteilen kann.

5. Schließt mit einem Imbiß, einem Spaziergang oder einer gemeinsamen Mahlzeit. Durch ein wöchentliches oder zweiwöchentliches Treffen haben die Mitglieder der Familie beziehungsweise Gemeinschaft die Gelegenheit, Probleme und Gefühle darzustellen oder loszulassen, die sich über die Zeit vielleicht aufbauen und ein harmonisches Zusammenleben verhindern. Um auf unserem Planeten Frieden zu schaffen, müssen wir mit uns selbst und mit denen, die wir lieben, beginnen.

Beachten Sie: Manchmal bewegen sich unerledigte Angelegenheiten um einen Kern von Schmerz und Verletzungen aus der Kindheit wie Mißbrauch und Inzest. Wenn Ihr Leben ständig von derartigen Erlebnissen beeinflußt wird, erwägen Sie bitte, professionellen Beistand aufzusuchen.

Betrachtungen

Wir sollten unser Leben wie ein sehr heißes Feuer leben, so daß nichts zurückbleibt - alles wird zu weißer Asche verbrannt.
SUZUKI ROSHI

Zwei Mönchen gingen eine Straße entlang und kamen an einen Fluß.
Am Ufer stand eine schöne junge Frau, die nicht wagte, den Fluß allein zu überqueren. Einer der

*Mönche trat galant hinzu und bot ihr an, sie auf
seinen Schultern zu tragen. Als sie die andere
Seite erreichten, dankte sie dem Mönch, und jeder
ging seines Weges. Nachdem sie hundert Schritte
gegangen waren, fragte der zweite Mönch den
ersten: »Wie konntest du das tun? Du bist ein
Mönch, einer, der entsagt hat. Du solltest keine
schönen Frauen auf deinen Schultern herum-
tragen.« Worauf der erste Mönch sagte: »Oh, du
trägst sie immer noch? Ich habe sie abgesetzt, als
wir das Ufer erreicht haben.«*

TRADITIONELLE ZEN-GESCHICHTE

*Wenn ihr eure unerledigten Angelegenheiten aus
der Kindheit nicht beendet, wird eure Zukunft zu
eurer Vergangenheit.*

PAUL BRENNER

*Wer an altem Groll festhält, erlaubt jemandem, den
er verachtet, mietfrei in seinem Kopf zu leben.*

ANONYM

♦ Was würden Sie anders
machen, wenn Sie nur
noch ein Jahr zu leben
hätten und es bei rela-
tiv guter Gesundheit
verbringen könnten?
(Woher wissen Sie, daß
Sie nicht nur ein Jahr
zu leben haben?)

♦ Wen würden Sie anru-
fen, wenn Sie wüßten,
daß Sie morgen sterben
müssen, und ein Tele-
fongespräch frei hät-
ten? Was würden Sie
sagen? Welche unerle-
digte Angelegenheit
gäbe es in Ihrem Ge-
spräch?

Tägliche Aktivitäten

Achtsamkeit kann Teil all Ihrer täglichen Handlungen werden. Die folgenden Darstellungen des achtsamen Essens und Gehens sind nur zwei Beispiele dafür, wie Achtsamkeit im täglichen Leben angewandt wird.

Achtsam essen

Achtsamkeit wird beim Essen zu einem wirkungsvollen Mittel, die Freude an der Nahrung und ihre wohltuende Wirkung zu erhöhen. Essen ist nur allzu häufig eine »achtlose« Handlung, weil wir unsere Mahlzeiten hinunterschlingen und sie mit anderen Tätigkeiten wie Zeitunglesen, Fernsehen oder dem Familienleben verbinden. Da Essen zu einer sekundären Erfahrung wird, wird sein wahrer Genuß häufig verpaßt.

Die Praxis des achtsamen Essens

1. Bevor Sie essen, erinnern Sie sich an Ihre Absicht: *zu essen.*

2. Bevor Sie essen, nehmen Sie sich einen Augenblick Zeit, um sich Ihrer Atmung bewußt zu werden.

3. Verlangsamen Sie den gesamten Vorgang des Essens. Kauen Sie langsam.

4. Beziehen Sie alle Sinne (Sehen, Hören, Schmecken, Riechen, Tasten) in das Erleben Ihrer Mahlzeit mit ein.

5. Wenn Ihr Geist wandert, bringen Sie Ihr Bewußtsein zurück zum Augenblick. Essen ist der Gegenstand Ihrer Aufmerksamkeit.

Indem Sie achtsamer werden, wird auch das tägliche Essen zu einem angenehmen und erfüllenden Erlebnis. Achtsamkeit für die Art und Weise, wie sie essen, kann für manche Menschen eine der besten, grundlegenden Methoden zur Gewichtskontrolle werden. Langsam gekaute Nahrung wird leicht verdaut, und es ist unwahrscheinlich, daß Sie sich überessen, wenn Sie achtsam essen.

Denken Sie an Ihre letzte Mahlzeit. Können Sie sich an die verschiedenen Geschmäcke, Gerüche und Beschaffenheiten erinnern, die Sie wahrgenommen haben?

Betrachtungen

Um achtsam zu essen, achten Sie genau auf jeden Bissen.

DANIEL GOLEMAN
UND TARA BENNETT-GOLEMAN

Worin liegt der Sinn zu planen, in der nächsten Woche essen zu können, wenn ich nicht jede Mahlzeit genieße, die ich einnehme? Wenn ich so damit beschäftigt bin zu planen, wie ich nächste Woche essen kann, daß ich nicht wirklich genießen kann, was ich jetzt esse, werde ich in derselben mißlichen Lage sein, wenn die Mahlzeiten der nächsten Woche jetzt werden.

ALAN WATTS

Wir entwickeln dieses Gefühl des Miteinander-Ver-
bunden-Seins, indem wir alles, was wir essen, in
seiner ursprünglichen Form erkennen: Wir stellen
uns den Weizen vor, aus dem das Brot gebacken
wurde, die Kuhmilch, die Erbse in ihrer Hülse. Den
Ozean voll Fisch. Und die Sonne, die alle ernährt.
Wir nehmen das Heilige zu uns, den Keim des
Lebens, wie die Eucharistie, in Dankbarkeit und
Respekt.

STEPHEN LEVINE

Wann hast du das letzte Mal ein Glas Wasser zu
dir genommen und es wahrhaftig getrunken?

THOMAS MERTON

Achtsam gehen

Achtsam zu gehen ist Meditation im Gehen. Überlegen Sie, wieviel Zeit Sie täglich damit verbringen, zu gehen. Der Zweck Ihres Gehens besteht typischerweise darin, irgendwo hinzugehen, anzukommen. Durch die »Geschwindigkeitskrankheit« oder unseren Mangel an Gewahrsein verpassen wir häufig die wirkliche Reise. Denke ich an Wanderungen und Spaziergänge, die ich früher unternommen habe, so glaube ich, daß meine Hauptabsicht immer darin bestand, irgendwo anzukommen, und wenn ich mit jemandem gemeinsam gegangen bin, wollte ich als erster ankommen! Lernen, achtsam zu gehen, ist nicht so einfach, wie es scheint. Sein Zweck besteht darin, beim Gehen das Gehen selbst zu genießen. Das bedeutet, sich auf das *Gehen* zu konzentrieren und *nicht* auf das *Ziel*.

Die Praxis des achtsamen Gehens

1. Erinnern Sie sich an Ihre Absicht in diesem Augenblick: *zu gehen.*

2. Halten Sie an und beobachten Sie: Wo ist mein Bewußtsein oder meine Aufmerksamkeit?

3. Werden Sie sich Ihrer Atmung bewußt. Konzentrieren Sie sich auf das Einatmen und auf das Ausatmen.

4. Gehen Sie mit dem linken Fuß los, und während Sie einatmen, sagen Sie »ein«. Wenn sich Ihr rechter Fuß nach vorn bewegt, atmen Sie aus und sagen »aus«. Stimmen Sie Schritte und Atmung auf Ihre Bedürfnisse und die Umgebung ab.

5. Wenn Ihr Geist wandert, bringen Sie Ihr Gewahrsein/Ihre Auf-

merksamkeit zurück zum Augenblick, indem Sie beim Gehen ein- und ausatmen.

Beachten Sie: Wenn Sie im Haus gehen, werden Sie langsam gehen, normalerweise ein oder zwei Schritte für jedes Einatmen und ebenso für jedes Ausatmen. Draußen bringen Sie Ihre Atmung mit Ihren Schritten in Einklang. Vielleicht sind drei oder vier Schritte pro Ein- und Ausatmen für Sie passend. Die Verwendung der Worte »Ein, ein, ein, aus, aus, aus« kann helfen, konzentriert zu bleiben.

Wenn Sie diesen Abschnitt gelesen und sich vielleicht sogar im achtsamen Gehen versucht haben, denken Sie vielleicht, daß dies eher öde oder frustrierend sein kann. Denken Sie an das, was Sie auf der Strecke erleben können, was Sie sonst immer verpaßt haben. Blumen, Bäume, Wind, Himmel, Kinderlachen, Regentropfen auf dem Pflaster, bemerkenswerte Architektur, das Lächeln anderer. Eine neue Welt eröffnet sich Ihnen, und sowie dies geschieht, halten Sie an, verweilen Sie und genießen Sie jede Szene, alle Geräusche, Gerüche, jedes Erlebnis auf dem Weg. Atmen Sie! Verweilen Sie mit Ihrer Aufmerksamkeit beim Gehen.
Vor kurzem wanderte ich mit meinem Sohn zu einem wunderschönen Berg, und wir redeten den ganzen Weg bis hinauf zum Gipfel. Eine geschlagene Stunde Gehen und Reden. Er entschied, daß wir beim Hinuntergehen achtsam gehen würden, ohne zu sprechen. Als wir später über diese Wanderung nachdachten, meinten wir beide, daß wir uns als Vater und Sohn nähergekommen waren, als wir einander unsere Gedanken und Gefühle mitteilten, während wir den Berg hinaufgingen. Wir erkannten auch, wieviel mehr Blumen, Vögel und Bäume wir auf dem Rückweg sahen oder hörten. Der Weg den Berg hinauf erzeugte Momente der Intimität zwischen Vater und Sohn. Der Weg den Berg hinunter Intimität zwischen Vater, Sohn, Berg und Natur.

Betrachtungen

*Jeder Schritt ist Leben, jeder Schritt ist Freude und
Frieden.*

THICH NHAT HANH

*Es hat keinen Sinn, irgendwo hinzugehen und
zu predigen, wenn nicht das Gehen die Predigt ist.*

FRANZ VON ASSISI

*Wenn wir langsam gehen, kann die Welt vollstän-
dig erscheinen. Nicht nur werden die Lebewesen
nicht durch unsere Eile oder Aggression auf-
geschreckt, sondern die feinen Einzelheiten von
Farn und Blume oder Verwüstung und Zerrüttung
werden sichtbar.*

JOAN HALIFAX

◆ Erforschen Sie, auf welche Weise Ihre Achtsamkeit mit jedem Schritt, den Sie gehen, er-
höht wird. Überlegen Sie, bei welchen Gelegenheiten Sie häufiger achtsam gehen
können. Nutzen Sie jeden Schritt als Mittel,
zum gegenwärtigen Augenblick zurückzukehren. Denken Sie über Ihre typischen Gehmu-
ster nach. Was sagt Ihre Art zu gehen über
Sie aus? Was würden Ihre Schritte sagen,
wenn sie sprechen könnten?

◆ Machen Sie einen Versuch im achtsamen Essen mit einer Orange. Schälen Sie die Orange
langsam, und riechen Sie das Öl, das aus der
Schale austritt. Beginnt Ihr Speichel zu
fließen, bevor Sie die Orange tatsächlich
schmecken? Teilen Sie die Orange sorgfältig
in Schnitzel, und essen Sie immer nur ein
kleines Stück auf einmal. Was bemerken Sie,
wenn die Orange Ihre Lippen und Zunge
berührt? Machen Sie denselben Versuch mit
einem Partner, dessen Augen geschlossen
sind. Füttern Sie sie oder ihn langsam mit der
Orange, und nehmen Sie wahr, wie alle Sinne
in den Vorgang des Schmeckens einbezogen
sind.

TEIL VIER
Einen achtsamen Lebensstil aufrechterhalten

Der Geist sollte wie eine mit Wertschätzung geladene Kamera sein, bereit, in allen Farben und mit perfekter Brennweite die Essenz jedes schönen Augenblickes einzufangen.

ANONYM

Mache den gegenwärtigen Augenblick zum besten deines Lebens.

THICH NHAT HANH

Der einzige Maßstab für Erfolg ist dieser Augenblick, genau jetzt. Sind wir hier? Wenn wir hier sind, ist unsere Praxis perfekt.

DAVID COOPER

In Teil vier werden Sie

- Methoden lernen, täglich Achtsamkeit zu üben.

- eine Praxis für immer tiefere Betrachtungen und Einsichten ausarbeiten.

- Achtsamkeit an Ihrem Arbeitsplatz anwenden.

- die Bedeutung und Praxis der Achtsamkeit wiederholen.

- eine persönliche Verpflichtung zu einem achtsameren Leben eingehen.

Tägliche Praxis

Achtsam zu werden erfordert, daß Sie die Bedeutung des Konzeptes anerkennen und die Disziplin besitzen, über die Lektüre dieses Buches hinauszugehen. Das Wort Disziplin hat im Englischen eine Verbindung zu *disciple*, dem Jünger, der seiner Liebe folgt. Ebenso wie Sie sich nicht vornehmen können, fit zu werden, indem Sie einem Fitneß-Club beitreten und dann nur gelegentlich hingehen, können Sie dieser Daseinsweise ohne Plan oder Programm nicht wirklich folgen. Achtsamkeit verlangt von Ihnen, mit durchweg derselben Motivation, Disziplin und täglichem Gewahrsein zu üben, bis sie zu einer selbstverständlich Augenblick für Augenblick geübten Praxis wird.

Die folgenden Vorschläge können die Praxis der Achtsamkeit in Ihrem Leben fördern:

1. Planen Sie täglich etwas ruhige Zeit ein, um achtsames Atmen zu üben. Schaffen Sie sich einen bequemen, von Ablenkungen freien Platz, einen »heiligen Ort« nur für Sie. Beginnen Sie mit ungefähr zehn Minuten der grundlegenden Achtsamkeitsübung, indem Sie sich auf Ihren Atem konzentrieren. Wenn es Zeit und Platz erlauben, können mehrere kurze Sitzungen über den Tag verteilt nützlich sein.

2. Nehmen Sie sich jeden Tag Zeit, um einfach nur zu sein. Als ich klein war, sagte meine Mutter häufig: »Gerald, setz dich einfach mal eine Weile hin, du bist immer auf dem Sprung!« Sind wir erwachsen, dreht sich ein großer Teil unserer Identität

um unser Tun. Das »Sollen« und »Müssen« des Lebens wird häufig zu unserer Richtschnur. Infolgedessen haben so viele Erwachsene ein schlechtes Gewissen, wenn sie nicht arbeiten, und sie schaffen sich häufig zusätzliche Arbeit, um Schuldgefühle zu vermeiden. Sich jeden Tag Zeit zum Nichtstun zu nehmen ist ein Weg, Gleichgewicht in ein Leben zurückzubringen, das mit Tun angefüllt ist. Herrscht bei Ihnen ein gesundes Gleichgewicht zwischen Sein und Tun? Schaffen Sie sich einen »faulen Tag« oder einen halben oder eine »faule Stunde«, während der Sie die Zeit einfach mit Sein verbringen, ohne fertigen Stundenplan. Wenn Sie möchten, lesen Sie. Wenn Sie schlafen möchten, schlafen Sie. Wenn Sie kleine Kinder haben, um die sich jemand kümmern muß, richten Sie es so ein, daß Ihr Partner oder ein Freund beziehungsweise eine Freundin während dieser Zeit für die Kinder verantwortlich ist. Sie können Ihren Kindern auch beibringen, einfach nur zu sein, indem Sie dies mit ihnen gemeinsam erproben.

3. Versuchen Sie, private oder berufliche Aufgaben täglich zu Ende zu bringen, oder reservieren Sie eine bestimmte Zeit für Aufgaben wie Gartenarbeit oder Lebensmitteleinkäufe, so daß Sie sicher sein können, sie zu erledigen und trotzdem noch Zeit für sich zu haben. Wenden Sie dieselbe Technik auf Vorhaben im Beruf an. Zum Beispiel erfordert meine Arbeit häufig Schreiben und organisatorische Geschäftsplanung. Wenn ich eine halbe Stunde zum Schreiben einplane, stelle ich eine Uhr und schreibe während dieser Zeit. Wenn ich durch Gedanken, Gefühle u. ä. unterbrochen werde, nehme ich die Ablenkung zur Kenntnis, atme und kehre zur gegenwärtigen Aufgabe zurück.

4. Nutzen Sie Achtsamkeit, um Beziehungen zu verbessern. Überlegen Sie, welche Menschen Ihnen am wichtigsten sind, und nehmen Sie sie als Mahnung zur Achtsamkeit. Wenn Sie fest-

stellen, daß Ihr Geist während einer Unterhaltung wandert, führen Sie immer wieder Ihre Aufmerksamkeit zurück zur Person. Denken Sie daran, das schönste Geschenk an einen anderen Menschen ist Ihr Selbst.

5. Schaffen Sie zu Hause und im Beruf eine Umgebung, die Gelegenheiten zu Achtsamkeit bietet und Sie auch daran erinnert. Sowohl zu Hause als auch am Arbeitsplatz können viele Dinge Sie daran erinnern anzuhalten, zu verweilen und zu atmen. Ein Piepser, ein Telefonklingeln, der Summer der Mikrowelle schaltet sich aus, oder der Aufzug signalisiert sein Kommen, alles kann Sie daran erinnern, einen Augenblick zu atmen und dann zum gegenwärtigen Augenblick zurückzukehren. Eine Glocke auf Ihrem Schreibtisch oder der Küchenablage, nach Belieben geläutet, erinnert daran anzuhalten, zu verweilen und sich zu erfrischen. Fahren Sie aus Ihrer Garage heraus, halten Sie inne und atmen Sie, während Sie zusehen, wie sich das Garagentor langsam schließt.

6. Denken Sie an das Zitat »In jedem Augenblick, ganz gleich, was wir erleben, geschieht immer nur eines von zwei Dingen: entweder *sind* wir bei dem, was ist, oder wir *widersetzen* uns dem, was ist.« Denken Sie an die Dinge in Ihrem Leben, denen Sie sich jetzt gerade widersetzen. Erkennen Sie, daß für den Widerstand mehr psychische Energie verbraucht wird als für das tatsächliche Tun. Während meiner College-Zeit hatte ich einen Sommerjob in einer Fabrik für Wasserzähler. Meine Arbeit bestand darin, die Zähler wiederholt zu prüfen, indem ich unter Druck Wasser durch sie hindurchschickte. In der Rückschau erkenne ich jetzt, daß ich die Arbeit durch den Widerstand, den ich dagegen hatte, dort zu sein, als schwierig empfand. Hätte ich damals erkannt, daß durch Loslassen dieses Widerstandes, wenn ich also aufgehört hätte, auf die Uhr zu sehen und mich innerlich zu beklagen, es eine viel erfüllendere

Erfahrung für mich hätte sein können. Wieviel psychische Energie ich dadurch verschwendet habe, daß ich nicht dort sein wollte!

7. Fördern Sie die gesellschaftliche Unterstützung der Praxis von Achtsamkeit. Achtsamkeit zu üben wird im Büro oder zu Hause einfacher, wenn auch andere Menschen achtsam sind. Wenn ich zum Beispiel meine Frau achtsam essen sehe, werde ich daran erinnert, mich auf den Vorgang des Essens zu konzentrieren. Wenn mehrere Personen am Arbeitsplatz beginnen, achtsames Verhalten bei ihrer Arbeit und untereinander zu zeigen, werden andere Kollegen unbewußt positiv beeinflußt. Vor kurzem beschloß eine Gruppe von Krankenschwestern in meinem Workshop, Patientenklingeln, Pieper, Telefone und Signalleuchten als Erinnerung für kurzes Verweilen, Atmen und mehr Achtsamkeit zu nutzen. Durch ihr Beispiel wurde bald die ganze Station ein achtsamerer Aufenthaltsort. Stellen Sie sich die heilsame Wirkung vor, die dies auf Ihren Umgang miteinander und letztlich die Gesundheit der Patienten haben kann!

Das letztendliche Ziel täglicher Praxis besteht darin, einfache Erinnerungen dafür zu schaffen, daß jeder Augenblick eine Gelegenheit für die Praxis der Achtsamkeit bietet.

Betrachtungen

Are we human beings or human doings?
ANONYM

Du hast nicht die Wahl, wie du sterben wirst oder wann, du kannst nur entscheiden, wie du jetzt leben willst.
JOAN BAEZ

Erstellen Sie in den Spalten unten eine Liste der Aktivitäten, die Sie regelmäßig ausüben, also morgens aufstehen, frühstücken, duschen, zur Arbeit fahren, mit Freunden reden, Sport, Haus- oder Gartenarbeit und ins Bett gehen. Führen Sie Ihre regelmäßigen Aktivitäten so genau wie möglich auf. In der anderen Spalte beschreiben Sie, auf welche bestimmte Weise Sie während der Tätigkeit achtsamer werden möchten.

Beispiel

Regelmäßige Tätigkeit
1. Frühstücken

2. Zur Arbeit fahren

Achtsame Tätigkeit
Ich werde langsam essen und das Essen genießen. Ich werde beim Essen nicht fernsehen oder Zeitung lesen.
Ich werde Verkehrsstaus als Gelegenheit nutzen, Atmen zu praktizieren und achtsam zu fahren.

97

Regelmäßige Tätigkeit	Achtsame Tätigkeit
1. früher ins Bett	Licht aus um 23⁰⁰
	atmen
2. langsamer Schritt	den 5. Tag
3. beim Essen nur Essen!	langsam kauen
4. Klavier spielen	
5. Klienten: Kontakt genießen	
6. Anna: ganz präsent sein	
	Ausblicke üben

98

Tief schauen – Einsicht gewinnen

Wenn wir im Hier und Jetzt leben, haben wir die Gelegenheit innezuhalten, zu beobachten und tief in unser Denken, unsere Gefühle, Empfindungen und Erfahrungen zu schauen. Wenn wir das tun, besitzt jede Begegnung eine tiefe Bedeutung. Jeder Mensch, den wir treffen, und jede Handlung, die wir unternehmen, bietet eine Gelegenheit für persönliches Wachstum und persönliche Einsicht.

Wenn Ihre Praxis der täglichen Achtsamkeit fortschreitet, werden Sie merken, wie Sie dahin kommen, die *Bedeutung* hinter Ihren Gedanken, Gefühlen, Empfindungen und Erfahrungen zu verstehen. Es gibt eine alte Legende über einen Mann, der regelmäßig in eine mehrere hundert Meilen entfernte Stadt reiste, um Vorräte zu kaufen. Seine einzige Möglichkeit der Fortbewegung war Gehen. Nachdem er einmal wieder nach Hause zurückgekehrt war, entdeckte er eine Ameisenkolonie auf den Kardamomsamen, die er gekauft hatte. Er packte die Samen sorgfältig wieder ein und ging den ganzen Weg durch die Wüste zu dem Händler zurück. Er wollte die Samen nicht umtauschen, sondern die Ameisen zu ihrem rechtmäßigen Heim zurückbringen. Das klingt ein bißchen verrückt oder weit hergeholt, und doch ist es so erfrischend, daran erinnert zu werden, wie wichtig es ist, den Dingen so auf den Grund zu sehen, daß man derartiges Mitgefühl für die winzigsten Kreaturen zeigen kann.

Wenn wir immer tiefer schauen, beginnen wir unser Leben auf einsichtigere Weise zu leben und nicht nur automatisch. Innezuhalten, um Gedanken, Gefühle, Empfindungen und Körpererfahrungen zu untersuchen, ist eine intensive Form der Therapie.

Wann immer ich innehalten, eine ruhige Umgebung finden und mich in mich zurückziehen kann, verändere ich mich tiefgreifend. Einige meiner tiefsten Einsichten kamen bei ruhigen Spaziergängen am Meer, bei Bergwanderungen und selbst an meinem eigenen, ruhigen Platz zu Hause. Fern von den alltäglichen Geräuschen des Fernsehers, Radios, der Stereoanlage, von Verkehr und Leuten, können Sie eine neue Beziehung zu sich selbst entdecken. Die meisten Menschen haben buchstäblich Angst vor dieser Art der Stille, da sie keinen Weg gefunden haben, sich mit sich selbst wohl zu fühlen. Achtsamkeit ist eine Methode, die nicht Angst hervorruft, sondern es ermöglicht, jene Aspekte des Lebens zu betrachten, die Angst erzeugen.

Nehmen Sie sich gelegentlich etwas Zeit, um die folgenden Übungen auszuprobieren.

1. Versenken Sie sich tief in einen auftauchenden Gedanken.
   Seien Sie in dem Gedanken.
   Warum dieser Gedanke? Was bedeutet er? Warum scheine ich immer auf diesen Gedanken fixiert zu sein?

2. Versenken Sie sich tief in ein Gefühl, das Sie erleben.
   Seien Sie in dem Gefühl.
   Was würde das Gefühl sagen, wenn es sprechen könnte?

3. Versenken Sie sich tief in eine Empfindung Ihres Körpers.
   Seien Sie in der Empfindung.
   Wenn Ihr Körper sprechen könnte, was würde er dann sagen?

4. Schauen Sie tief in einen Menschen, der Ihnen wichtig ist.
   Akzeptieren Sie diesen Menschen in diesem Augenblick vollständig.
   Was schätzen Sie wirklich an diesem Menschen?

5. Halten Sie also *inne* und *beobachten* und *schauen Sie tief* in Ihr Verhalten in jedem Augenblick. Alltägliche Tätigkeiten wie

essen, sprechen und arbeiten finden häufig gedankenlos und unüberlegt statt. Im Verlauf der tiefen Betrachtung werden Sie immer deutlicher erkennen, wie alles Handeln und alles Sein miteinander verbunden ist.

Die größte Herausforderung der Praxis der Achtsamkeit besteht darin, in jedem Augenblick Einsicht in sich selbst und die eigene Welt zu erlangen. Ihre individuelle Praxis der Achtsamkeit kann auf jeden Auswirkungen haben. Wenn Sie lernen, genau hinzusehen, wird Ihnen deutlich, daß kein Mensch eine Insel ist. Jede Ihrer Handlungen besitzt tiefgreifende Auswirkungen auf Ihre Mitmenschen und buchstäblich das ganze Universum.

Seit ich damit begann, mir Achtsamkeit zu eigen zu machen, bin ich mir der Einwirkung, die ich auf die Umgebung habe, bewußter geworden. Ich bin eher bereit, Recycling zu unterstützen, und vermeide die Verwendung von Produkten, die einen negativen Einfluß auf den Planeten besitzen. Ich habe positive Veränderungen in meiner Ernährung und meinen Eßgewohnheiten eingeführt und lebe allgemein ein einfacheres Leben. All diese Veränderungen erfolgten, nachdem ich tief in die möglichen Konsequenzen jeder meiner Verhaltensweisen geschaut hatte. Als er gefragt wurde: »Welches ist die wichtigste Botschaft, die wir anderen hinterlassen können?«, sagte Gandhi einfach: »Mein Leben ist meine Botschaft.«

Betrachtungen

In dem Augenblick, in dem man etwas seine ganze Aufmerksamkeit schenkt, und sei es nur ein Grashalm, wird es zu einer geheimnisvollen, erstaunlichen, unbeschreibbar herrlichen Welt an sich.

HENRY MILLER

Verständnis ist das Ergebnis tiefer Einsicht.

THICH NHAT HANH

◆ In welcher Hinsicht
 kann ich heute tiefere
 Einsicht erlangen?

Achtsamkeit am Arbeitsplatz

Die Kraft und Schönheit von Achtsamkeit in unserem alltäglichen Leben ist für diejenigen offensichtlich, die sich dieser Praxis widmen. Es kann jedoch eine wunderbare Herausforderung sein, wenn man versucht, die Praxis der Achtsamkeit in sein Arbeitsumfeld aufzunehmen, wo das Konzept vielleicht ungewohnt und der einzelne in Forderungen, Veränderungen, Beziehungen und die manchmal unpersönliche Natur seiner Arbeitsstelle verwickelt ist. Als Professor an einem College und Berater einer großen Bandbreite von Berufsfeldern habe ich eine Herangehensweise für diejenigen entwickelt, die in einer beliebigen Gruppe oder Organisation arbeiten.

Zehn Prinzipien für die Entwicklung von Achtsamkeit in einer Organisation

Loslassen.
Klammern Sie sich nicht an ein Arbeits- oder Managementsystem. Lernen und entdecken Sie neu, was für jeden am besten ist.

Das Herz öffnen.
Entwickeln Sie Sensibilität und Mitgefühl für die Schwierigkeiten und das Leid anderer. Was einen betrifft, betrifft alle.

Vereinfachen.
Beseitigen Sie das Durcheinander, das Ihren Körper, Ihren Geist und Ihre Seele bedrängt.

Verzeihen.
Halten Sie nicht an Ärger, Groll und Negativität fest, da dies zu persönlicher und beruflicher Disharmonie und zu unerledigten Angelegenheiten führt.

Achtsam sein.
Das schönste Geschenk, das Sie anderen machen können, ist Ihre wahre Gegenwart.

Atmen!
Verwenden Sie achtsames Atmen, um zum gegenwärtigen Augenblick zurückzukehren und Gelassenheit, Frieden und Verständnis zurückzugewinnen.

Aus dem Herzen sprechen.
Verwenden Sie Wahrhaftigkeit als Grundlage Ihrer Kommunikation. Werden Sie sich bewußt, wie sich Ihre Worte auf Geist und Stimmung Ihrer Kollegen und Organisation auswirken.

Gesundheit denken.
Entwickeln und befolgen Sie einen Plan zur Pflege der persönlichen und betrieblichen Gesundheit.

Andere würdigen.
Erkennen, respektieren und unterstützen Sie die gute Arbeit und das Können anderer.

Genau hinschauen.
Untersuchen Sie fortwährend Ihre täglichen Worte und Handlungen, um sicher zu sein, daß Sie mit dem Kern Ihrer Werte übereinstimmen.

Wenn sich nur ein Mensch in einem beliebigen Arbeitsumfeld entschließt, achtsamer zu sein, kann er seine Kollegen und die ganze Arbeitsgruppe durch seine friedliche und heilsame Gegenwart stärken. Gibt es einen besseren Weg, die Basis zu bereiten?

Betrachtungen

Achtsamkeit ist, sich selbst zu lieben. Deinen Nächsten lieben geschieht durch achtsame Handlungen des Mitgefühls.

CLAUDE WHITMYER

Wenn wir inneren Frieden haben, können wir mit unserer Umgebung in Frieden leben.

DER DALAI LAMA

◆ Untersuchen Sie, auf welche Weise Sie Achtsamkeit auf Ihre tägliche Arbeit anwenden können. Wie beabsichtigen Sie, während der Fahrt zur Arbeit, mit den Kollegen, während der Pausen, am Computer, bei der Zusammenarbeit mit anderen, bei Routinetätigkeiten achtsamer zu sein? Wie könnten Sie dieses Konzept bei Ihren Kollegen bekannt machen?

Worum geht es hier eigentlich?
Augenblick für Augenblick

Auf einer Reise nach Hawaii traf ich vor kurzem einen Schriftsteller, der zahlreiche Theaterstücke und Drehbücher für Broadway- und Hollywoodproduktionen geschrieben hat. Während wir zusammen Kaffee tranken, fragte ich ihn, ob er mir irgendein Geheimnis über das Schreiben mitteilen könne. Er antwortete: »Die Leute gehen in ein Stück oder einen Film, oder sie lesen ein Buch mit der Hoffnung, zumindest einen Gedanken oder eine Inspiration zu erhalten. Typischerweise fragen sie ihre Freunde: ›Worum ging es?‹« Er hofft, beim Schreiben seine Leser mit zumindest einer Botschaft zurückzulassen, die ihr Leben bereichert.

Worum geht es also wirklich bei der Achtsamkeit?

Achtsamkeit...

◆ heißt, Körper, Geist und Seele zur gleichen Zeit am gleichen Ort zu erleben. Sie ist das Gewahrsein des gegenwärtigen Augenblicks und Ihrer Aktivität in diesem Augenblick.

◆ heißt, für mehr als eine Perspektive offen zu sein und mit dem Bewußtsein zu leben, daß die Methoden der Vergangenheit nicht immer die besten für die Gegenwart sind.

◆ heißt, lernen zu *erleben*, was ist, anstatt sich dem zu *widersetzen*, was ist.

◆ kann helfen, Streß zu verringern, die Leistungsfähigkeit zu erhöhen, Beziehungen zu verbessern und die Grundlage für mehr Lebensfreude sein.

◆ schließt Gewahrsein des Atems ein als das Medium, durch das die Aufmerksamkeit auf den gegenwärtigen Augenblick gelenkt, der Körper erneuert und der Geist zur Ruhe gebracht wird.

◆ heißt, die eigene Absicht zu kennen.

◆ heißt zu lernen, lieber einfach nur wahrzunehmen als zu reagieren.

◆ heißt, in jedem Augenblick zur Gegenwart zurückzukommen.

Betrachtungen

Die Schatten der Vergangenheit sind verschwommen, und die Zukunft ist zu weit entfernt, um in den Brennpunkt zu gelangen. Das Jetzt leuchtet strahlend und in vielen bunten Farben. Heute werde ich mich daran erinnern, meinen Geist in der Gegenwart zu halten.
Das Jetzt ist alles, was ich habe. Das Jetzt ist alles, was irgend jemand hat.

JUDITH GARRISON

Gestern ist nur ein Traum, morgen nur eine Vision. Aber wenn heute gut gelebt wird, wird gestern ein glücklicher Traum und jedes Morgen eine Vision der Hoffnung. Achte daher gut auf diesen Tag.

SPRICHWORT AUS DEM SANSKRIT

Das Geschenk des Lebens mit all seiner Freude und seinem Glanz ist im Augenblick zur Hand. Jetzt ist es an uns, zu genießen und uns zu erfreuen, jetzt

ist es an uns, zu hegen und zu pflegen, doch nur
für den Augenblick.«

ADOLFO QUEZADA

Die Vergangenheit ist vergangen, und die Zukunft
muß noch kommen. Das bedeutet, die Zukunft liegt
in deinen Händen – die Zukunft hängt vollständig
von der Gegenwart ab. Diese Erkenntnis gibt dir
eine große Verantwortung.

DER DALAI LAMA

Bibliographie

Andrews, Frank, *Lieben statt verletzen*. München: Peter Erd 1993.

Beck, Charlotte Joko, *Zen im Alltag*. München: Knaur Taschenbuch 1990.

Borysenko, Joan, *Für den Körper sorgen – die Seele entfalten*. Münsterschwarzach: Vier Türme 1996.

Brandon, David, *Zen in the Art of Helping*. New York: Arakana 1990.

Carlson, Richard/Shield, Benjamin, *Wege zu Gott – Leben aus der Liebe*. Freiburg: Lüchow 1991.

Cooper, David A. *Silence, Simplicity, and Solitude*. New York: Bell Tower 1992.

Csikszentmihalyi, Mihaly, *Flow. Das Geheimnis des Glücks*. Stuttgart: Klett-Cotta ⁵1996.

Cummings, Charles, *The Mystery of the Ordinary*. New York: Harper & Row 1982.

Das, Ram, *Sei jetzt hier*. Berlin: Sadhana Verlag ⁶1996.

DeAngelis, Barbara, *Real Moments*. New York: Bantam 1994.

Fields, Rick u. a., *Chop Wood, Carry Water*. Los Angeles: Tarcher 1984.

Goldberg, Natalie, *A long Quiet Highway*. New York: Bantam 1994.

Goldstein, Joseph, *Insight Meditation. The Practice of Freedom*. Boston: Shambhala 1993.

Goldstein, Joseph/Kornfield, Jack, *Einsicht durch Meditation. Die Achtsamkeit des Herzens. Buddistische Einsichts-Meditation für westliche Menschen*. München: O.W. Barth 1989.

Goleman, Daniel/Bennett-Goleman, Tara, *The Meditative Mind. The Varieties of Meditative Experience*. Los Angeles: Tarcher 1988.

Gunaratana, Mahathera Henepola, *Die Praxis der Achtsamkeit. Eine Einführung in die Vipassana-Meditation*. Münsterschwarzach: Vier Türme 1996.

Hanh, Thich Nhat, *The Long Road Turns to Joy. A Guide to Walking Meditation*. Berkeley: Parallax Press 1996.

Hanh, Thich Nhat, *Lebendiger Buddha – lebendiger Christ. Die gemeinsamen Wurzeln von Buddhismus und Christentum*. München: Goldmann 1996.

Hanh, Thich Nhat, *Schlüssel zum Zen. Der Weg zu einem achtsamen Leben*. Freiburg: Herder 1997.

Hanh, Thich Nhat, *Ein Lotos erblüht im Herzen. Die Kunst des achtsamen Lebens*. München: Goldmann 1995.

Hanh, Thich Nhat, *Friede mit jedem Schritt*. Münsterschwarzach: Vier Türme 1994.

Hanh, Thich Nhat, *Tiefes Schauen im gegenwärtigen Moment.* Münster-schwarzach: Vier Türme 1996.

Hanh, Thich Nhat, *Unsere Verabredung mit dem Leben. Buddhas Lehre vom gegenwärtigen Augenblick.* Berlin. Theseus 1991.

Hanh, Thich Nhat, *Die Sonne, mein Herz.* Berlin: Theseus ²1993.

Hanh, Thich Nhat, *Breathe! You Are Alive.* Berkeley: Parallax Press 1988.

Hanh, Thich Nhat, *Den inneren Frieden finden.* Münsterschwarzach: Vier Türme 1996.

Hanh, Thich Nhat, *Das Wunder der Achtsamkeit. Einführung in die Meditation.* Berlin: Theseus ⁷1997.

Jackson, Phil, *Sacred Hoops. Spiritual Lessons of a Hardwood Warrior.* New York: Hyperion 1995.

Johnson, Spencer, *Eine Minute für mich.* Reinbek: Rowohlt Taschenbuch Verlag 1987.

Kabat-Zinn, Jon, *Wherever You Go There You Are.* New York: Little, Brown & Co. 1995.

Kavanaugh, James, *Search.* San Francisco: Harper & Row 1985.

Keating, Thomas, *Open Mind, Open Heart.* New York: Continuum 1994.

Kornfield, Jack, *Frag den Buddha – und geh den Weg des Herzens.* München: Kösel 1995.

Kornfield, Jack/Breitzer, Paul, *A Still Forest Pool.* Wheaton, Ill.: Theosophical Publishing 1985.

Langer, Ellen, *Mindfulness.* Reading, Mass.: Addison Wesley 1989.

Levine, Stephen, *Schritte zum Erwachen. Meditation der Achtsamkeit.* Reinbek: Rowohlt Taschenbuch Verlag 1994.

Pennigton, Basil, *Centered Living.* New York: Image 1986.

Reid, Clyde, *Celebrate the Temporary.* New York: Harper & Row 1972.

Salzberg, Sharon, *Geborgen im Sein. Die Kraft der Mettâ-Meditation.* Frankfurt am Main: Wolfgang Krüger Verlag 1996.

Sinetar, Marsha, *Do What You Love, the Money Will Follow.* New York: Paulist Press 1987.

St. James, Elaine, *Inner Simplicity. 100 Ways to Regain Peace and Nourish Your Soul.* New York: Hyperion 1995.

St. James, Elaine, *Simplify Your Life. 100 Ways to Slow Down and Enjoy the Things That Really Matter.* New York: Hyperion 1994.

Suzuki, Shunryu, *Zen Geist, Anfänger Geist.* Berlin: Theseus 1996.

Tart, Charles T., *Die innere Kunst der Achtsamkeit. Ein Praxisbuch für das Leben im gegenwärtigen Moment.* Freiamt: Arbor 1996.

Valles, Carlos G., *Courage to Be Myself.* New York: Doubleday 1989.

Wellwood, John, *Ordinary Magic. Everyday Life as Spiritual Path.* Boston: Shambhala 1992.

Whitmyer, Claude, *Arbeit als Weg. Buddhistische Reflexionen.* Frankfurt am Main: Fischer Taschenbuch Verlag 1996.

Wilber, Ken, *Das Spektrum des Bewußtseins. Eine Synthese östlicher und westlicher Psychologie.* Reinbek: Rowohlt Taschenbuch Verlag 1991.